Carl Aderhold

LE THÉÂTRE DES NUITS

ROMAN

Stock
arpège

ARPÈGE *n. m.* En musique, succession de notes distinctes formant un accord. Par extension, collection littéraire dédiée aux harmonies romanesques.

Couverture : Hokus Pokus

ISBN : 978-2-234-08748-4

Saloperie de neige.

Antoine grimpa en dernier hors de la tranchée. Le sergent Bedel ordonna de marcher dans ses traces. La patrouille ressemblait aux petits ânes qu'on avait fait venir d'Afrique du Nord sur ce front des Vosges, pour transporter le ravitaillement.

Chaque pas s'enfonçait en un son mat. Le bruit de la poudreuse écrasée éclatait dans leur tête. Impossible que les Boches ne l'entendent pas.

Le sergent bifurqua sur la gauche. Il avait participé à l'offensive de l'automne dernier, croyait se souvenir de l'existence d'un bois un peu plus haut.

Le terrain devint escarpé. Des rochers leur barraient la route. Ils atteignirent le bosquet, se reposèrent quelques minutes.

On est loin encore ?

Bedel cherchait des yeux un repère.

Antoine se cala contre un arbre. Les petits bobos et leur litanie rassurante, l'ongle noir du gros orteil esquinté par ses godillots, la brûlure au fond de la gorge, lui rappelaient la chaleur de la vie. La paume ouverte, tendue, il regarda les flocons se déposer sur son gant, disparaître.

Elle avait le visage qu'ont les rêves, quand, au fond de l'abri, parmi les ronflements et la respiration lourde des camarades, il essayait d'entrevoir sa vie, la guerre terminée.

Il chassa son image.

Elle réapparut aussitôt. La pointe de son nez dépassait du bord en fourrure de son capuchon. Elle s'effaçait presque sous sa pelisse. Elle lui avait pris le bras, fixait devant eux les hêtres, dont l'épaisse couche de neige soulignait les courbes.

La forêt à l'arrière avait un air paisible. Quand on s'y enfonçait, on avait envie de se coucher, de se laisser envahir par le silence en scrutant à travers le branchage les trouées de lumière.

Ici les arbres ressemblaient à des Christs crucifiés, des bras mutilés tendus vers le ciel, les troncs hachés par les éclats. Frères d'armes qui tombaient sans une plainte. Il aurait voulu savoir comment s'appelait celui qui se dressait au-dessus de lui. Paul était capable de nommer chaque fleur qui s'acharnait à pousser entre les ruines. Avant tout ça, il travaillait dans une herboristerie sur les quais. Antoine le chercha du regard. Paul était avec le sergent, derrière un muret en ruine.

Il pensa que son cadavre pourrait rester là sans que les copains le récupèrent. Il en connaissait plein à qui c'était arrivé. Morts sans laisser de traces. Des ossements blanchis, éparpillés parmi les chaumes. Il ne saurait dire pourquoi, il redoutait ça plus que toute autre chose.

Son chignon était légèrement défait. Des fragments de son visage lui revenaient. La rougeur de ses joues perçait sous la couche de poudre de riz fendillée par le froid. Une mèche glissait de son front, revenait, rebelle, se coller à ses lèvres. Elle la ramenait en vain derrière son oreille. Il n'avait jamais vu un geste aussi bouleversant.

Bedel fit signe de repartir. Il fallait profiter de la nuit finissante. Blanche. La neige avait beau tout recouvrir, la terre puait la charogne. Fausse virginité, pureté de merde. Le charnier de la dernière offensive était là, sous eux.

Ils s'arrêtèrent à nouveau. Des lignes de barbelés. Antoine discerna à une quarantaine de mètres les sacs de sable, les rondins qui formaient la crête de la tranchée ennemie.

Ils ne s'étaient rien promis. Elle avait juste murmuré son adresse, 15 rue Fessart. Il savait déjà qu'il aurait la timidité des amants, inquiets de leurs retrouvailles. La peur de la décevoir, de n'être plus, à Paris, qu'un type à l'uniforme semblable à des millions d'autres. Bidasse parmi les bidasses.

Il la déshabillerait avec lenteur. Ses cheveux défaits se répandraient sur ses épaules. Il aurait peur. Terriblement peur.

Il sursauta. Une peur différente de celle qu'il éprouvait en ce moment. Il n'avait jamais songé qu'il en existe de plusieurs sortes, aussi opposées.

La vision revenait. Il s'y accrochait. Nue, il la voulait nue. Elle avait les seins francs comme son regard. Et il serait en vie, pour sûr. Oui, en vie. Il se laisserait submerger par toute cette vie. Un balthazar de chairs. Ils resteraient au lit tout le temps de sa permission. Un désir insatiable, deux ans et demi d'arriérés d'un coup.

Ils s'attaquèrent aux barbelés. Antoine donna un coup de cisaille avec précaution, presque une caresse. Leurs mains retinrent le fil lorsqu'il se distendit. Il sectionna le suivant.

La neige autour était immaculée.

Paul et Antoine portaient sur eux la lettre d'adieu de l'autre, « en cas de malheur ». Celle de Paul était destinée à sa sœur. Celle d'Antoine avait changé plusieurs fois de destinataire. Son père était mort au début de la guerre. Sa mère avait suivi l'année d'après. Blanche était l'adresse désormais.

Un nouveau barbelé céda sans résistance.

Des spasmes lui parcouraient les muscles du dos, descendaient le long de ses jambes. Il espérait que sa dernière pensée serait pour elle. La pince se referma un peu trop vite. Le fil se coupa en un bref claquement. Ils se figèrent. Ils se persuadèrent que le cliquetis n'avait existé que dans leur imagination.

Soudain, une voix nerveuse aboya quelques mots. Un coup de feu claqua dans leur direction, un deuxième, puis une salve interrompue.

Foutons le... Bedel s'écroula. Un étonnement bovin s'était gravé dans ses yeux écarquillés. Un filet de sang apparut au milieu du front, traça un chemin le long de l'arête de son nez, suivit la ligne de ses lèvres avant de se perdre dans sa barbe.

Antoine s'enfonça dans la neige. Elle lui pénétra dans la bouche, dans les narines. Pschiii ! Une fusée éclairante perça la nuit avant de retomber mollement. Il redressa légèrement la tête pour examiner le terrain. Blanche était la neige. D'une blancheur qu'il n'avait jamais vue.

Le tchac-tchac d'une MG se mit en marche.

Blanche.

I

« Il n'y a pas de plus belle mort que de mourir pour la patrie. »

L'homme fit quelques pas dans la pièce. Il avait les épaules déliées, le cou gracile des adolescents, bien qu'il n'en soit plus un. Quinze mois au front, et il revenait pour la première fois en permission.

Un ciel au bleu uniforme remplissait la fenêtre accrochée au mur. La chambre sentait la fragilité des destinées, flottait comme un vêtement trop grand.

Il s'exprimait d'un ton martial, sa femme l'écoutait en silence. « Nous les gars du front », il répétait avec ardeur. Son pardessus à martingale laissait entrevoir un chandail noir dont le col remontait jusqu'au menton. La casquette penchée en avant, il arborait le costume que l'on prêtait aux souteneurs.

« Avant guerre, tout le quartier me connaissait ! On me surnommait Jules le poinçonneur, rapport à mon habileté au couteau ! » Il esquissa un sourire. Quand un mac essayait de lui piquer son bout de trottoir, il lui laissait sa marque sur le visage, un coup d'eustache à la base du front. « Mon poinçon ! Et hop ! Ticket validé, un aller simple pour l'enfer. » Il mima le combat, s'arrêta, terrassé par d'autres images.

Autrefois, il se moquait bien de la patrie. Un attrape-gogo pour faire marcher le peuple au pas. Sa patrie à lui, c'étaient ses filles, le coin de la rue Berthe qu'il contrôlait. « Mon petit commerce », il railla. Autrefois. Tout ça, c'était terminé.

Une mèche de son imposante chevelure enserrée sous sa casquette lui descendait le long de la joue. Son visage à la peau satinée démentait son existence passée comme la fermeté de son ton.

« La guerre a tout changé », lâcha-t-il, grave.

Les Boches, la France, le devoir, il avait compris.

« Je ne ferai plus l'alphonse. Terminées les carottes. Et fini aussi de jouer du surin pour délester tes michetons. »

Il marqua un temps.

« Je vais me racheter. »

Sa voix monta curieusement dans les aigus.

« Tu sais ton devoir ! Montre-leur que la France les écrasera ! » répliqua la femme.

Une table perdue au centre de la pièce, qu'accompagnaient une carafe et un verre dans sa solitude, les moulures en trompe l'œil au-dessus de la porte, un buffet abandonné au fond peinaient à retenir la grandiloquence de leurs mots.

« Si j'en réchappe, nous nous marierons. J'irai à l'usine... Et toi, fini le trottoir, tu élèveras nos enfants ! »

Ta moustache se fait la malle ! cria un spectateur.

Les rires fusèrent.

Pour te faire des mômes, faudrait déjà que ton Jules ait quelque chose dans le pantalon !

Blanche remit le postiche en place, porta sa main à son entrejambe dans un geste provocateur. Des sifflets moqueurs montèrent de la salle.

Une rangée de lampes s'alluma, révéla la présence d'un pianiste près des coulisses. Aux premières notes, trois filles firent leur entrée sous les hourras. Leur justaucorps au rouge vif dénudait leurs épaules, soulignait leur poitrine.

« Au lieu d'tourner la nuit sur l'pavé » entonna l'une, « nous tournons les obus pour défendre la France » reprirent en chœur les deux autres prostituées. Une jupe à froufrou dévoilait le galbe de leurs jambes gainées de bas noirs. « Devenues honnêt's, songeant à l'avenir... » Leurs gestes mimaient ceux d'une ouvrière à sa machine, avec des mouvements grivois. « Nous disons : Travaillons pour les voir rev'nir. » Elles se déhanchèrent d'une façon exagérée.

Le directeur imposait aux filles d'adresser sourire et œillade à chaque spectateur, dans l'espoir qu'il revienne. Tous les soirs, leurs agaceries électrisaient le parterre. De vieux messieurs, la lavallière blanche perdue sous le gilet, se redressaient dans leurs fauteuils. Quelques jeunes, pas encore en âge de s'enrôler, battaient des mains.

Blanche ôta sa casquette, secoua la tête. Sa chevelure blonde s'offrit à tous, et son sourire rayonnant, débarrassée des oripeaux de sa virilité. Elle leva la jambe avec les trois autres filles.

Debout sur leurs sièges, les permissionnaires, taches bleues parmi la foule, les appelaient avec des accents violents, désespérés. La guerre avait fait de ces employés de bureau, de ces agents aux écritures, de ces vendeurs à la commission, des hommes en sursis, pressés, certains d'avoir des droits sur les femmes. Des inconnues ramassées dès leur descente du train les accompagnaient au spectacle — toute solde bue, la fête est si âpre.

Au centre de la scène, Marthe, qui jouait l'épouse du mac repenti, saluait d'un léger mouvement de la main. Depuis la coulisse, le directeur la suppliait de se montrer plus avenante. Sa robe noire l'enserrait des pieds au cou. Faut qu'on voie que tu as renoncé à te prostituer ! avait expliqué le directeur. Le costume des chanteuses avalait les regards du public. Marthe exigeait qu'elles portent des tenues plus sages. Son instinct d'homme d'affaires l'avait empêché de céder. Une femme doit rester une femme ! — Et moi qu'est-ce que je suis ? avait-elle répliqué. Un porte-manteau ? — Une future pensionnaire de la Comédie-Française ! Il avait vu passer des générations de comédiennes, connaissait leur caractère.

Marthe fixa un homme, au premier rang du balcon, lui adressa une œillade qui le fit rougir.

Les spectateurs quittèrent la salle, quelques-uns continuaient à siffler. Le parfum de leurs désirs inassouvis entêta les comédiennes encore un moment, puis disparut.

Caché dans l'embrasure de la porte, le pompier de service, un bras perdu en Artois, tenta de sa main valide de leur claquer les fesses. Les filles n'osaient le gifler, ni même l'insulter. Cette retenue le rendait soir après soir plus hargneux.

Dans les coulisses, le directeur discutait avec un homme. « Monsieur le préposé de la préfecture... » L'une des chanteuses du final poussa un gloussement en lui serrant la main. Tous les premiers du mois, les autorités envoyaient un employé contrôler la moralité du spectacle. La fille avait gardé son justaucorps rouge. Le fonctionnaire ne savait où poser son regard. Son crâne dégarni s'empourpra.

Un peu en retrait, accotée au mur avec nonchalance, Marthe fumait une cigarette. Quand elle aperçut Blanche, elle écrasa rageusement son mégot du talon, lui fit signe de s'approcher.

L'autre battit en retraite. Tu vas pas t'échapper comme ça! Marthe la saisit par le bras, la poussa à l'intérieur de sa loge.

Sale garce !

Blanche se rattrapa au dossier de la chaise. Marthe fit sauter les boutons de sa robe.

Regarde !

Ses épaules, son ventre étaient couverts de plaques rouges.

Tu t'es bien foutue de moi !

Dix jours plus tôt, Marthe l'avait fait venir dans sa loge. Tu ne trouves pas que j'ai un sale teint en ce moment... ? Elle s'était plainte de ne plus pouvoir trouver sa crème favorite, la Leichner. La marque allemande était interdite. Sans transition, son regard soudain complice avait fixé Blanche. Paraît que tu as un plan pour en avoir... ?

Marthe se tourna, fit voir des plaies identiques le long du dos.

De la Leichner, ça ? Mon œil ! C'est la seule qui me file pas d'allergie ! Mais ça tu pouvais pas le savoir !

Blanche accusa le coup. Une arnaque sans risque, lui avait assuré Victor. Impossible de voir la différence. Elle n'avait pas résisté au plaisir d'escroquer cette pimbêche.

Blanche en était quitte pour un bon savon. Elle rentra les épaules, cessa d'écouter, attentive seulement aux variations de ton. L'habitude des scènes agissait comme un antidote. Depuis son enfance, le monde entier l'avait agonie de cris, ses parents, ses patrons, Victor. Elle se taisait. Il fallait attendre que Marthe redescende avant de risquer quelques mots de consolation.

Des coupures de presse étaient glissées entre le mur et le cadre de la glace. « 2 janvier 1916. Un triomphe pour Marthe Lachenal... » « *Mon Jules*, ou l'art consommé de mademoi... » « Une comédienne au sommet de son... » Blanche observa le bouquet de fleurs qui envahissait la coiffeuse pendant que la vedette se déshabillait, tout en vociférant. Elle tenta de lire le nom sur la carte de visite.

Un lot défectueux ? Marthe ne serait pas assez bête pour avaler un tel boniment.

Le long du paravent pendait un tailleur bleu à épaulettes. La mode était aux blouses russes, aux vareuses, parées de broches rappelant les insignes. Les couturiers détournaient les uniformes militaires, donnaient aux femmes des airs de soldats d'opérette.

Blanche se demanda ce que l'autre avait de plus qu'elle. Un sourire capiteux qu'elle lançait aux hommes comme un défi ? Des mollets aux courbes fines ? Elle détestait les siens, trop gros, des jarrets de paysanne. Un air crâne aussi, Marthe n'avait aucun doute sur sa beauté.

Tu m'écoutes ?

Désolée, une erreur... Je ne comprends pas ce qui a pu se passer. Blanche se répétait les excuses qu'elle allait lui servir. Je t'en aurai un autre lot. Gratis. Insister là-dessus. Gratis. Pour me faire pardonner.

Un manteau de fourrure s'abandonnait langoureusement sur un dossier, fascinait Blanche. Elle se serait promenée dans les rues rien que pour l'exhiber, aurait joué à l'entrouvrir, le fermer, sentir la doublure en satin sur sa peau, le poids de la pelisse. Elle s'imagina sans rien dessous. Elle écartait les pans, laissait apercevoir à Victor l'échancrure de ses seins, ou le haut de ses jambes.

Ça te fait rire?

Par moments, la tête de Marthe surgissait du paravent. La colère déformait ses traits.

Blanche se troubla. Elle n'avait aucun moyen de se procurer de la vraie Leichner.

Un jour, elle aurait aussi ses fleurs, ses cartes de visite, sa loge. Elle traquerait le plus léger décollement du papier peint au contact des plinthes, ou le début d'effritement des moulures, l'esquisse d'une fissure. Pour conjurer toute trace de la comédienne d'avant. Elle haussa les épaules. C'était ça son problème, ne pas vouloir les choses avec assez de volonté. Marthe n'était pas meilleure qu'elle. Enfin si, peut-être un peu. Elle se montrait surtout plus dure que les autres. Blanche faisait rire les filles en l'imitant. « Le théâââtre est toute ma viiie! » Il fallait la voir se pâmer quand elle croisait un critique. Avec les auteurs, c'était pire encore. Elle aguichait comme une fille de joie, prenait un air pénétré, « on ne m'a jamais offert un vrai beau personnage ».

Les bas pendaient, recouvrant le panneau au décor japonais. Une paire à dix ou quinze francs au moins. Qui dessinait un galbe parfait. Blanche aurait voulu voir la tête de Victor découvrant ses mollets gainés de soie.

Je vais te rembourser, risqua-t-elle.

Marthe surgit de derrière le paravent, à moitié habillée, le corps secoué par des frissons.

Tout me brûle, salope.

Elle se plaignit de ne plus pouvoir supporter aucun vêtement. Rien ne me soulage. Et c'est pire encore avec mon fiancé... Elle prononça ce mot comme une sucrerie. Son fiancé... Elle couchait avec le directeur du théâtre. Blanche blêmit. Marthe avait un plan forcément. L'empêcher de jouer dans la prochaine pièce.

On peut s'arranger... Dis-moi comment je...

Une gifle lui brûla la joue. Elle tenta d'enrayer la montée des larmes. Pas lui faire ce plaisir à cette grougnasse !

Elle n'entendit pas la porte de la loge s'ouvrir.

Vas-y, dis-lui ! glapit Marthe au directeur qui venait d'entrer.

Après ce qui vient de se passer... Les mains appuyées sur une chaise, il s'arrêta tel un élève butant sur sa leçon. Il reprit d'une voix traînante. Mademoiselle Blanche Beaulieu, je vous informe... — Tu la vouvoies cette garce ? hurla Marthe. Blanche se frottait la joue, incapable d'ouvrir la bouche. Comme si rester immobile pouvait arrêter la scène. Je vais te le dire puisque cette chiffe molle n'en a pas le courage ! Il tendit les bras pour la calmer. T'es virée ! Virée ! Et tu peux mettre une croix sur ta carrière. Crois-moi, je connais du monde. Tu remonteras plus jamais sur une scène !

Blanche essaya de capter le regard du directeur. Laissez-moi au moins aller au bout de mon engagement.

— Tu prends tes affaires et tu dégages. Comment on dit, Charles, dans ton jargon… ? En l'entendant prononcer son prénom, elle comprit que Marthe tenait ses couilles bien serrées dans ses mains. Avec effet immédiat ! C'est ça ! La vedette le répéta plusieurs fois. Le directeur lui fit signe de se taire.

Blanche, incapable de retenir plus longtemps ses larmes, quitta la pièce.

La porte trembla comme si elle faisait partie d'un décor.

Une petite engueulade avec Marthe, minimisa Blanche.

Elle ne voulait pas s'épancher auprès des deux filles qui partageaient sa loge. La plus grande reprit le tracé rouge carmin de sa bouche, s'examina, mangea sa lèvre supérieure pour en atténuer l'éclat.

Blanche s'assit devant sa glace. Elle fixa son reflet, dans l'espoir qu'il lui murmure quelques mots de réconfort. Elle se vit aussitôt à l'heure de la représentation.

Elle prenait sa place derrière la porte donnant sur la scène, caressait sa moustache pour vérifier qu'elle était bien en place. Ses épaules se redressaient. Son ventre se contractait. Se glisser dans la peau de Jules le poinçonneur lui procurait une sensation d'effraction. Soudain son sang refluait en entendant les trois coups, le rideau se replier en un bruit sourd, la toux de quelque spectateur dans la salle. Elle arrivait sur scène, et sans avoir le temps de reprendre son souffle, « Comme c'est bon de rentrer chez soi... » Les mains dans les poches de son pantalon, elle lançait des regards mauvais. Elle s'efforçait à reproduire les gestes brusques, le sourire impassible de Victor.

Marthe avait déjà dû lui trouver une remplaçante.

Le bavardage des deux comédiennes la tira de ses pensées. Elles étaient mises avec un soin inhabituel. La grande arborait un collier de fausses perles, l'autre, des pendants qui soulignaient le contour osseux de ses pommettes.

Un dramaturge avait assisté à la représentation ce soir. Il était maintenant au foyer du théâtre. Paraît qu'il cherche des actrices pour son prochain spectacle, s'enflamma la petite. La grande renchérit. Un type connu, enfin avec un nom connu. Dreyfus... Abraham Dreyfus. Ses pièces sont jouées à la Comédie-Française.

Toutes trois se turent, habitées par la même pensée. Il était là pour Marthe.

Y'a pas qu'elle qui sait y faire...

La petite plaqua sa main sur sa joue. Bien sûr monsieur Dreyfus, évidemment monsieur Dreyfus...

La franchise de leurs rires effaça un instant la peine de Blanche.

Dépêche-toi, sinon tu vas rater la chance de ta vie...

Le froufrou soyeux de leurs robes s'éteignit au loin dans le couloir.

Blanche esquissa un sourire sombre. Le miroir craquelé avait reflété l'image de tant d'actrices, il ne se donnait même plus la peine de l'illusion. De légers cernes apparaissaient sous ses yeux à mesure qu'elle ôtait son maquillage.

Elle avait toute une liste de défauts, ses oreilles trop longues, sa bouche qui avec l'âge s'affinait, ses mollets massifs qu'elle cachait à l'aide de bottines. Les cernes étaient pis. Ils lui donnaient un air souffreteux.

Elle écarquilla les yeux, pour les faire disparaître. Son reflet prit un air comique de sidération.

L'amertume viendrait plus tard, quand les cernes auraient fait leur œuvre. Un fin réseau de ridules, de plissures se dessinerait, comme autant de remémorations.

La vision de sa mère, les joues sans chair, la peau en fanaison, occulta la scène avec Marthe. Les rides sur le visage maternel formaient une toile d'araignée de laquelle aucun sentiment ne pouvait s'échapper. Sa mémoire fit aussitôt remonter une autre rancœur — Blanche croyait encore que ses souvenirs d'enfance guidaient sa vie.

Sa mère, à la fenêtre de leur appartement, guettait l'instant où les passants traversaient le halo du réverbère, dans l'espoir de voir apparaître la silhouette de son mari. Il touchait sa paie le samedi. Vers dix heures, parfois un peu avant, quand elle ne supportait plus d'attendre, elle attrapait son châle. Blanche espérait toujours que sa mère l'oublierait. Le cliquetis impatient des clés lui reprochait de ne pas s'être tenue prête.

Un pli entre les deux sourcils se creusa, prélude à l'apitoiement.

Elles s'arrêtaient à chaque café. Sa mère collait son visage contre la devanture, examinait les clients. Certains soirs, son mari filait jusqu'au carrefour de Ménilmontant, ou bien alors sur la place des Fêtes. Les deux femmes descendaient puis remontaient les hauteurs de Belleville en silence. Elles finissaient par le trouver. Blanche fixait le plancher crasseux, sentait les regards des hommes au-dessus d'elle, leurs doigts raides dans ses cheveux. Son père, la moustache hérissée, n'éprouvait plus de honte depuis longtemps. Selon son degré de cuite, il rabrouait sa femme, ou la suivait penaud. Parfois, il prenait sa fille sur ses épaules, comme s'ils revenaient d'une promenade familiale.

Les déceptions ne s'additionnaient pas. Les larmes ne lui apportèrent pas le soulagement espéré.

Elle s'était enfuie le jour de ses seize ans, pour suivre un garçon à la gueule d'ange dont elle était folle. Il s'appelait Armand et l'avait trahie peu après.

Elle avait d'abord travaillé dans un atelier de chaussures du faubourg. Un après-midi de mai, l'odeur des premiers beaux jours s'infiltra jusque sous les machines, la tira irrésistiblement dehors. Blanche arracha son tablier, courut jusqu'à la sortie, indifférente aux hurlements du contremaître. La vie la débordait, elle était libre comme une fille qui vient de fuguer. Elle avait été ensuite vendeuse dans une mercerie, rue Cadet. L'ennui l'empêcha d'y rester plus d'un mois.

Elle avait finalement atterri dans un café du boulevard Montparnasse. Une femme s'assit à une table un soir. Deux hommes l'accompagnaient. Elle tendit la main, l'un lui présenta un porte-cigarettes en argent blanc, l'autre approcha la flamme de son briquet.

Elle aborda Blanche, voulut savoir son histoire. Blanche, intimidée, répondit par monosyllabes. Des clients l'appelèrent. La femme la retint. Le patron réclama son employée. Un billet de cent francs eut raison de lui. Un sourire lumineux vainquit les préventions des deux soupirants. Ils enfilèrent le tablier des serveurs. Enchantée par la cocasserie de la situation, la femme leur commanda du champagne. Sa beauté dominait la salle, pareille à la roseur laiteuse de l'aube sur les toits, le matin où Blanche avait quitté le domicile familial.

Elle glissa sa carte à Blanche, lui ordonna de se présenter dès le lendemain au théâtre des Nouveautés.

Comédienne ! Elle n'y avait jamais songé. Des prostituées, disait sa mère. L'expression grivoise du directeur n'avait pas détrompé Blanche. On la cantonna un moment dans les emplois de figuration. Une paire de jambes dans un chœur, des lèvres aguichantes parmi les soubrettes.

Les mains salaces et les coups tordus faillirent avoir raison d'elle.

Les machinistes la sauvèrent des premières. Elle retrouva chez eux la morale sans fard de son père et de ses collègues des ateliers de la rue du Jourdain.

Du haut des cintres, d'où pendaient les décors habituels, chambre au mobilier sommaire, salon bourgeois, jardins aux arbres peints de couleurs vives, il y en avait toujours un pour lui lancer quelque plaisanterie graveleuse. En bas, affairés à ranger les accessoires, les autres s'esclaffaient en écho. Discrètement, Blanche remontait les pans de son costume, baissait la tête. Ces hommes habitués aux effronteries des comédiennes se raclaient la gorge, toussaient pour chasser leur gêne. Ils la prenaient sous leur protection, comme leur fille, leur sœur.

Les petites trahisons des autres comédiennes furent plus dures à surmonter. Elle finit par s'y habituer, les préférant encore aux humeurs atrabilaires des contremaîtres.

Elle obtint une scène, deux répliques dans un vaudeville. Son principal atout résidait dans son physique.

Il lui permettait d'interpréter aussi bien les jeunes premières, les ingénues que les bonnes. On la dévêtait souvent. Blanche connaissait les rêves des ouvriers qui peuplaient la salle. Ils venaient voir de belles filles. Le talent était un vestige de pudeur.

Son existence n'était guère plus florissante que celle d'une ouvrière, mais chaque soir elle vivait au rythme de mélodrames de pacotille. Serments, trahisons bien noires, rebondissements salvateurs, tout un monde, le monde comme il devrait être, même si le pouls dehors bat plus vite, vidant peu à peu la scène de sa vie, défraîchit les rêves, contes fanés — rien de plus volatile qu'une histoire, rien de plus éphémère, et avec elle, les effluves des rires et des sifflets depuis longtemps évanouis.

Marthe et les autres ne cherchaient que l'excitation des regards. Blanche, elle, n'existait vraiment que lorsqu'elle jouait. Elle se coulait dans son rôle, un autre destin qui, quels que soient les rebondissements, arrivait à bon port — un mariage, une rédemption. Les états d'âme de ces personnages sans chairs ni débords lui convenaient. Elle n'avait nul besoin de ressentir leurs drames, leurs peurs ou leurs attentes. Il lui suffisait de les mimer avec conviction. Leurs peines glissaient sur eux, tout entiers tendus vers l'heureux dénouement. Le rideau tombait. Blanche, étonnée de ce retour à la réalité, était déjà prête à remonter sur scène comme un enfant après un tour de manège.

Elle connaissait Marthe, son entêtement. La vedette pouvait lui interdire tout engagement dans les théâtres entre République et Opéra. Ceux des beaux quartiers étaient à part, réservés aux filles du Conservatoire.

Aucun rôle non plus pour Blanche dans ceux du côté de Montparnasse, des pièces sans soubrette ni ingénue.

Elle venait juste de se remettre du précédent coup dur.

Deux jours après la déclaration de guerre, les théâtres avaient fermé en même temps que la Bourse. Elle était restée des mois sans travail, avant d'atterrir dans un atelier de couture ouvert pour les gens du spectacle au chômage. Des journées à coudre pour quelques sous — la revanche de sa mère. Elle y avait connu Catherine, une petite main qui travaillait chez un grand couturier dont la clientèle riche tenait aussi à donner l'exemple pour la patrie. Plus question de robes ou de manteaux neufs. Catherine et Blanche étaient devenues amies, un même cynisme qui ne cadrait pas avec leurs visages juvéniles. Les gens finiraient par se déprendre de leur engouement guerrier. Ce n'était qu'un dérangement passager. Elles le savaient, il y aurait à nouveau des nuits sans étoiles, où des hommes chercheraient leurs lèvres dans l'obscurité, leur offriraient leur cœur et leur argent.

Les théâtres avaient rouvert. « Une ville sans spectacle est une ville vaincue », avait déclaré Gallieni, le gouverneur militaire de Paris. Le public voulait des pièces patriotiques. Les bonnets rouges arborés par les ouvreuses avaient cédé la place au nœud de velours à l'alsacienne. On entonnait *La Marseillaise* à la fin des représentations. Puis les gens s'étaient lassés. Les drames, les vaudevilles avaient repris. Seuls les pères nobles et les barbons n'avaient pas été mobilisés. La poitrine bandée, les femmes tenaient les rôles de jeunes premiers.

Tout ça était fini.

Victor et ses combines ! Elle s'emporta contre lui, se reprocha de l'avoir écouté.

Elle se leva, ôta sa chemise. Le jeu des ombres lui dessinait un visage apeuré, ses cheveux blonds en bataille, ses seins nus, les hanches débordant du pantalon, les yeux encore brillants comme les herbes des bords de route après la pluie.

La mode était aux femmes aux formes effacées, cheveux courts. Blanche, elle, évoquait les *biondo* et *grassotto* des peintres vénitiens de la Renaissance. Son corps gardait les rondeurs laiteuses de l'adolescence.

Elle laissait échapper un certain rire — sa bouche se contractait en un mouvement léger d'embarras —, ou bien entortillait autour de ses doigts une mèche de sa nuque. Dans ces moments, Victor la dévisageait avec ses mains, comme il disait. Il plongeait son nez dans le creux de son cou, inspirait à larges bouffées. Tu sens le sexe. Il s'enivrait.

Il ignorait que Blanche se donnait à lui les sens en alerte, le cœur fermé. Elle n'appréciait guère les hommes, goûtait leurs étreintes. Ce que les autres femmes mettaient des semaines à offrir à leurs amants, elle l'abandonnait le premier soir.

Peu habitué à de telles démonstrations, Victor avait été séduit. Il n'aurait pu deviner qu'il n'obtiendrait rien de plus. Pauvre conquérant avançant au milieu d'un paysage sans confins, il pensait la tenir. Elle ne voyait dans cet abandon qu'un instant de jouissance, qui étanchait les sentiments, en effaçait tout risque. La dernière chose qu'elle souhaitait était de jouer son propre rôle.

Il ne suffisait pas de rapetisser ses désirs pour en être épargné. Ça aussi Blanche le savait.

Elle était nue, maintenant, complètement nue. Elle s'examina, les bras écartés.

Son reflet en pied à l'autre bout de la pièce le lui clamait. Les cernes n'étaient que les avant-postes.

Blanche le percevait sous les bras, dans l'arrondi de ses épaules, sous le menton. La guerre faisait vieillir plus vite. Le front recrachait les hommes, coquillages vidés de leurs chairs. Ils revenaient avec des regards d'ancêtres. Les jeunes s'étaient dépêchés de mûrir, leurs regards de perdre leur naïveté. L'accélération du temps frappait même les femmes, habituées au lit sans compagnon.

Maudits cernes.

Le souvenir du manteau de fourrure de Marthe rembrunit Blanche quand elle s'habilla. Sa robe, longue, étroite, était passée de mode depuis bien deux ans. Elle masquait ses mollets.

Elle frotta ses paupières. Trop gonflées. Quand la peau se détendrait, elles s'affaisseraient. Les hommes détourneraient leur regard, gênés par ce visage d'étoffe froissée.

Le seul miroir qui ne mentait pas était le regard de Victor après leurs ébats. Il aurait effleuré ses cernes, doucement, aurait effacé la marque sur la peau.

Blanche songea au dramaturge qui attendait au foyer. Elle se maquilla comme si elle cherchait à changer de vie. C'est elle qui décrocherait le rôle proposé par Dreyfus !

Un trait de rouge à lèvres trop appuyé lui fit un sourire aguicheur. L'image de l'auteur assailli par les comédiennes lui vint à l'esprit. Des rires trop forts, des effluves de parfum capiteux, des mains qui s'abattaient sur son bras, en une brève et électrique excitation, tous ces corps prêts à se livrer pour un rôle.

Elle essuya son rouge, ferma son corsage jusqu'en haut. Il fallait l'intriguer.

C'était pis encore que ce qu'elle avait imaginé.

Les filles de la troupe encerclaient Dreyfus en rangs serrés, le bombardaient de rires capricants. Leurs décolletés ballottaient, leurs culs trémoussaient. Une vulgarité rageuse aiguisait la lucidité de Blanche. Ses pensées fulminaient de mots obscènes. Des mots qui la rebutaient quand Victor les prononçait. Aujourd'hui, ils lui insufflaient la force de se lancer à son tour à l'assaut. Les garces, les garces ! Elle aurait voulu les accabler de coups pour les chasser.

Marthe repoussait les autres en arrière. Ses mains décochaient des bourrades sèches, discrètes, sans se départir de son sourire.

Une peur déjà éprouvée réveilla une pointe au cœur. Blanche devait avoir cinq ou six ans. Son père l'avait traînée chez l'épicier au bas de la rue. Agenouillé près d'elle, devant le rayon des bouteilles de vin, il lui montrait comment en glisser une sous sa robe. Tu attends que je l'occupe.

Marthe parlait avec abondance. Le visage mangé par une paire de lorgnons, une bouche aux larges lèvres qui signalaient un appétit féroce, Dreyfus rougissait des attentions appuyées des comédiennes. Les deux qui partageaient la loge de Blanche, un peu en retrait, guettaient le moment pour se présenter à lui.

Blanche apercevait la silhouette de son père au bout de la rangée des bocaux de tomates et de haricots blancs. Il se tenait devant la caisse, lui masquait l'épicier.

Marthe prit Dreyfus par la manche, l'entraîna à une table à l'écart. Caché des regards, il agitait par instants la tête. Blanche ne distinguait plus alors que ses cheveux gris et crêpelés au-dessus de ceux ramenés en chignon de la vedette.

Le dramaturge se découpa soudain complètement. Marthe, debout, avait saisi les deux verres vides. Elle désigna le bar. Je reviens, ne vous avisez pas de disparaître. Elle agita son doigt en une menace charmante.

Maintenant.

Les deux comédiennes coururent presque vers Dreyfus. Marthe les força à repartir avec elle au bar.

Maintenant.

Les voix de son père et de l'épicier flottaient dans le magasin. Une main autour du goulot, l'autre serrant le cul, elle avait soulevé la bouteille, avec lenteur, pour éviter tout tintement. Elle s'était relevée, sans à-coups, l'avait enfouie sous sa robe, le long de sa hanche, côté opposé à la caisse afin que le marchand ne remarque pas le renflement.

Blanche s'assit en face du vieil homme. Il sursauta.

Elle se présenta, la respiration rapide comme avant chaque entrée sur scène. Elle avait eu le temps de rouler dans sa tête les grands traits du personnage qu'elle allait lui servir.

Elle l'entreprit sur la dramaturgie.

Le progressif apaisement de la laideur qu'apporte la vieillesse aux traits des hommes n'avait pas agi sur celui de Dreyfus. À près de soixante-dix ans, il conservait un front large, des joues trop rondes, des oreilles décollées.

Tout l'art du vaudeville consistait à prendre le contrepied des ficelles du genre pour mieux y retomber, expliqua-t-il. Grâce à un retournement final.

Marthe ne parvenait pas à se défaire de l'agent de la préfecture qui buvait un verre au bar. Électrisé par sa présence, il énumérait les rôles dans lesquels il l'avait vue ces dernières saisons. Elle masquait à peine son impatience, une grimace aux lèvres. Le directeur essayait d'attirer son attention pour qu'elle se montre plus affable. L'employé pouvait faire fermer le théâtre. Elle se résigna, lui adressa une œillade charmeuse. Il bégaya, se lança dans un compliment maladroit.

Cela donne aux pièces un petit air novateur sans jamais se départir de la bienséance.

Dreyfus s'abandonnait à la discussion. Blanche hochait la tête comme si elle se pénétrait de ses propos. Elle ne riait pas trop fort à ses bons mots, soucieuse de lui faire oublier qu'elle était jeune, et jolie. Elle devina qu'il appréciait chez les femmes les marques de décence plutôt que d'intelligence.

Qu'est-ce que tu fous là ! Décampe !

Les doigts de Marthe agrippèrent son épaule.

Le menton de la vedette était agité de tremblements. Elle se retourna vers le bar, hurla au directeur d'intervenir.

Il se faufila jusqu'à elles comme poussé par quelqu'un.

Dreyfus s'était reculé, le dos collé à sa chaise, les paupières à demi closes.

Les autres actrices ressemblaient à une forêt d'arbres morts.

Marthe la toisait, la lippe méprisante. Un élan de rage contracta le corps de Blanche. Elle va me griffer la garce ! Le directeur la saisit, l'entraîna vers la porte. Elle pouvait sentir sa moustache effleurer sa joue. Au loin, la vedette minaudait avec Dreyfus, cherchait sa complicité. Celui-ci contemplait Blanche comme s'il cherchait à graver son image.

Elle soutenait son regard, dans l'espoir absurde de lui insuffler l'envie de planter là les autres, de la suivre.

Elle se campa sur ses pieds, ses mains s'accrochèrent à l'embrasure. Le directeur la souleva presque sans un effort. Il la déposa devant la porte.

Si j'avais couché..., marmonna-t-elle assez fort pour que le directeur l'entende. Il jeta un regard vers Marthe, essaya d'estimer le temps avant de s'en lasser. Va voir de ma part le patron du Moulin de la chanson, je sais qu'il cherche des filles...

Blanche s'assit sur le bord du trottoir. Elle chercha en vain à faire venir les larmes, incapable de pleurer comme autrefois dans l'épicerie. La bouteille lui avait échappé. Une immense tache rouge, dont rien ne semblait pouvoir arrêter la progression, avait surgi autour de ses souliers, aussitôt après le fracas du verre sur le carrelage. La lumière qui venait de la porte dessinait l'ombre menaçante du commerçant.

Le plancher de la chambre était couvert de coupons d'étoffe noire.

Catherine tournait autour de Blanche, examinait sa robe. De temps à autre, elle pinçait le tissu, y plantait une aiguille.

Une lézarde courait le long du vasistas. Ses ramifications cachées en partie par les plaques de plâtre écaillé s'avançaient jusqu'au sol.

Blanche repensa à l'adresse glissée par le directeur. Un music-hall où les filles dansaient le two-step, dénudées. Elles finissaient la soirée avec un permissionnaire pour quelques francs.

Ta tenue, c'est ce qu'ils remarquent en premier, professa Catherine. Un vêtement passe-partout pour eux, ça sent l'épouse. L'originalité, c'est comme ça que tu les ferres...

Blanche fit une moue dubitative en désignant sa robe.

Catherine se récria. Elle avait lu un article là-dessus. Les halls des grands palaces regorgeaient de filles attifées comme Blanche, à la recherche d'un officier pour les réconforter...

Moyennant finances bien sûr, ajouta-t-elle.

Catherine s'était entichée de Blanche. Elle l'avait convaincue de s'installer dans la chambre de bonne à côté de la sienne, l'emmenait dans les bars clandestins. Elle choisissait une table, des militaires en permission ou des hommes d'affaires, forçait Blanche à s'asseoir. Son effronterie joyeuse faisait le reste. Quelques minutes plus tard, ils se disputaient l'honneur de leur offrir du champagne.

Son amitié avec Catherine était d'autant plus vive qu'elle la savait éphémère. Blanche était habituée aux affections sans engagement des troupes de théâtre. Tant que duraient les représentations, les comédiens partageaient tout, les cafés-crème, les rires, le trac. La saison terminée, ils se dispersaient, connaissaient les mêmes effusions avec une nouvelle troupe. Blanche n'éprouvait aucun regret de ce tourbillon.

Catherine glissa ses mains dans les poches de son costume tailleur, la dernière trouvaille des couturiers. Elle en avait cousu deux au niveau des hanches et deux autres sur sa poitrine, avec un rabat fermé comme sur les vestes des officiers. Elle en sortait son porte-cigarettes, faisait sauter le fermoir d'un coup sec du pouce, sans lâcher son verre dans l'autre main. Un sourire en coin, elle guettait l'effet produit sur son interlocuteur.

Elle secoua le bas de la robe de Blanche, observa le tombé du drapé. Une petite retouche, pointa-t-elle au niveau des hanches.

Sa philosophie de la vie se résumait en une forme de sélection naturelle — entre les estampeurs et leurs dupes. La leçon lui avait été administrée deux ans plus tôt. Une maison de commerce vendait à crédit une machine à coudre, fournissait les commandes, l'étoffe. Catherine avait répondu à l'annonce. Six mois durant, elle s'était échinée douze, treize heures par jour sans toucher un centime. La taie d'oreiller — deux ourlets, deux surjets intérieurs, quatre brides, six boutonnières et six boutons — lui rapportait deux sous et demi de l'heure. Les traites à rembourser dépassaient les gains. La maison de commerce avait saisi la machine, avant de la fourguer à une nouvelle cruche, s'esclaffait Catherine, admirative.

Près du montant du vasistas, était gribouillé au crayon un chiffre, 5/VII. L'inscription devait avoir été faite par un des précédents locataires. Les habitants du dernier étage déménageaient à bas bruit, un matin. Les seules traces de leur passage étaient ces graffitis. Blanche sourit. Lorsqu'elle partirait, elle laisserait sans doute quelques-unes de ses épingles à cheveux, coincées entre les lattes. Quand il la renversait sur le lit, Victor prenait plaisir à les lui ôter. Ses longs cheveux, avec une mollesse pleine de grâce, se répandaient alors sur les draps.

Hildépute ! lâcha Catherine. L'aiguille fit jaillir une goutte de sang sur le bout de son doigt.

Blanche éclata de rire.

J'ai grandi dans le Sud, s'excusa Catherine.

La ferme de ses parents était située sur le Larzac, désertique comme une vie sans à-coups — la maison accolée à la bergerie. L'odeur un peu graisseuse de la laine s'insinuait jusque dans leurs rêves.

Je t'ai pas raconté, mon premier béguin... ?

Sa dureté angulait ses pommettes.

Le seul garçon à cinq kilomètres à la ronde !

Il habitait de l'autre côté du plateau, près du Bosc. Elle avait réussi à convaincre son frère d'aller le trouver, de lui transmettre un message. Elle l'attendrait vendredi dans la bergerie.

Le jour dit, il s'était glissé sans bruit par la porte de derrière. Elle s'était étonnée de la douceur de sa peau, avait essuyé du bout des doigts la sueur qui perlait sur sa nuque, heureuse à l'idée qu'il ait couru pour la rejoindre. Il avait défait la cordelette qui tenait son pantalon, s'était allongé sur elle. Ils n'avaient pas entendu le père entrer. Le garçon s'était relevé, essayant sans succès de remonter son pantalon. Les dents de la fourche l'avaient pourchassé dans la cour. Il s'était étalé sur le tas de fumier. Le père avait menacé de le tuer s'il revenait.

Chaque vie repose sur une déception. Elle s'était sauvée le lendemain pour le rejoindre. Le garçon l'avait chassée. Catherine croyait avoir tout oublié, elle s'était contentée de ne pas y penser. L'arrivée de Blanche avait réveillé une sourde nostalgie enfantine — lorsque le ciel de mai sur le causse avait des langueurs du large, bleu et rose à la fois, les nuages ressemblaient à des îles.

Blanche avait pour viatique les pièces de boulevard. Elle rangeait son amie dans la catégorie de la bonne qui mène ses maîtres grâce à son bagout. Dès leur première rencontre, elle avait admis que Catherine était trop rusée pour elle. Malgré les démonstrations d'affection, une ombre se glissait entre elles, ombre que ni l'une ni l'autre n'avaient cherché à dissiper, Victor.

Catherine le lui avait présenté. Il la traitait avec la nonchalance d'une ancienne conquête. Blanche était convaincue qu'un homme ne revient pas aux maîtresses délaissées.

Plusieurs aiguilles à la bouche, Catherine suivait le patron déplié au sol, reprenait le tissu, le remontait, le redescendait.

Un ciel gris envahissait la fenêtre. Les derniers rayons du soleil découpaient les contours des immeubles. Bientôt, les gens s'engouffreraient dans les théâtres.

La pièce continuait sans elle. L'heure des trois coups approchait, des raclements de gorge modulaient la voix de Blanche vers les graves. Un élancement lancinant surgissait sous les côtes à la naissance des seins. Son corps se préparait à jouer. Elle s'abandonnait à ce lent envahissement, comme à une montée de lait dont plus aucune représentation ne la soulagerait.

Elle remonterait sur les planches, elle en était sûre. Elle s'accrochait à cette idée. Elle se glisserait à nouveau dans une autre existence, peut-être une existence brève de quelques répliques ou celle plus dense de quelques tirades, qui concentrent l'histoire le temps d'une scène.

« Jeune veuve éplorée : le vrai deuil de guerre, le plus élégant, se porte en charmeuse et crêpe pour la robe, et en velours de laine pour le manteau. » Catherine lisait à voix haute l'article des *Élégances parisiennes*. « Ainsi habillée vous donnerez exactement l'impression de la douleur contenue et dignement supportée qui convient à votre état d'âme. »

Ils disent pas la longueur.

Trois coups brefs retentirent à la porte et, sans attendre la réponse, Madeleine entra.

Quelqu'un est mort ? demanda-t-elle.

Les éclats de rire de ses voisines la détrompèrent.

Catherine plaça le bas de la robe au niveau de la cheville. Elle secoua la tête, essaya à mi-mollet.

Elle s'était mise à son compte, couturière à domicile, et trempait dans les combines de Victor. Elle envoyait sa photo aux soldats. « Pose alanguie et nue. » Cinq francs. Chaque lettre lui rapportait autant que les chemises, les calicots qu'elle cousait autrefois, deux pointes à surjeter, l'ourlet d'une emmanchure rabattue pour dix sous.

Madeleine s'assit au bord du lit. Les deux voisines formaient un contraste violent, pareil à ces duos comiques qui fleurissaient au music-hall.

Catherine, tout en os, offrait tantôt le visage d'une femme à la beauté sans défaut, tantôt celui d'une fille aux traits durs, presque masculins, nez pointu, pommettes saillantes. Son apparence virile était accentuée par sa minceur, la petitesse de ses seins, sa façon de se tenir, raide, presque hostile. Mais dès que, dans un bar clandestin, elle repérait un pigeon, toute force menaçante refluait. Un sourire sans retenue remontait jusque dans les plis autour de ses yeux, emplissait ses joues, en un équilibre fragile auquel les hommes résistaient rarement.

Madeleine, à l'inverse, provoquait la gêne. Le front haut dégarni, elle avait le nez charnu d'un alcoolique, les cheveux courts non pas ramenés vers l'arrière comme dans les coupes à la mode, mais répartis de part et d'autre d'une raie à la façon des hommes.

Autant Catherine cherchait à attirer l'attention, autant Madeleine fuyait les regards. « Un accessoire trop présent détourne l'attention du spectateur », avait expliqué le directeur de l'Ambigu à Blanche. Madeleine, elle, caressait sa lavallière bleu roi, qui s'échappait de son col empesé, dès qu'elle se sentait observée.

Plus haut, ce serait encore mieux ! s'exclama-t-elle.

Catherine poussa un sifflement.

Madeleine la rabroua. Ce n'est pas une question de mode, mais de science. Pourquoi tant de femmes sont mortes lors de l'incendie du Bazar de la Charité ? À cause de leurs jupes trop longues qui les ont empêchées de courir.

Elle ressemblait au docteur Renaudin, un personnage d'*Un Casanova boche*. Dans cette pièce, Blanche interprétait un coureur de dot en passe de séduire une riche héritière. Mais Renaudin veillait. Au moment fatal où Blanche allait parvenir à ses fins, il démasquait le fripon, un espion allemand. La comédienne qui tenait ce rôle était grimée en un vieillard ventru. Elle glissait un sac de vieux draps sous son costume. Madeleine présentait la même corpulence, portait le même complet-veston, trop large. Il lui donnait l'air d'un commis sur les marchés, renforcé encore par un chapeau melon posé sur sa tête.

Dans la rue, dès qu'ils démêlaient sa véritable nature, les passants la raillaient, certains l'insultaient. Une douceur térébrante repliée au fond de ses yeux guettait un sourire sans rejet, bravait les autres.

Ta robe, c'est pour un nouveau rôle ? demanda-t-elle.

Seule Catherine rit.

Madeleine partageait aussi le même ton un peu rude, sans colère ni reproche, que Renaudin. Elle prodiguait ses conseils à Blanche, cherchait à la prévenir des pièges, comme le personnage de la pièce avec la jeune héritière. La voix du bon Samaritain, disait le directeur de l'Ambigu.

Elle annonça à Blanche qu'une place de vendeuse était à pourvoir chez le chausseur du boulevard

Saint-Marcel. Blanche ne broncha pas. Madeleine insista.

Six francs par jour à ce qu'on m'a dit. Un bon salaire qui...

C'est parfait, lança Catherine en épinglant l'ourlet. Blanche vérifia dans la glace, battit des mains en signe d'acquiescement.

Il faut que tu sois une veuve élégante, ironisa Catherine.

Madeleine se rembrunit. Mentalité d'esclave, elle marmonna. La coquetterie des femmes perpétue leur servilité.

Blanche se reprochait de lui préférer la compagnie de Catherine.

Sous leurs airs délurés, les deux femmes avaient conservé le goût enfantin des menus plaisirs. Il y en avait toujours une pour entraîner l'autre à la ferme de la rue des Serres, à quelques pâtés de maisons. Pour dix sous, elles buvaient un verre de lait, encore fumant, avec la lenteur d'un délice que l'on fait durer. Ou bien elles remontaient le boulevard jusqu'à la pâtisserie Renouard, achetaient des saint-honoré. Elles les mangeaient à peine sorties de la boutique, sous les regards choqués des passants.

Blanche plus encore respirait le charme puissant de la femme qui cède à la rondeur pleine de l'instant. Il lui arrivait de mener Catherine dans un magasin de mode. Elles faisaient déballer les modèles, essayaient des robes pour le plaisir de sentir l'étoffe sur leur peau. Le vrai sens du tragique tient dans la douceur sans retenue de ce contact. Où la vie surabonde.

Comme elle réduisait les hommes à leurs étreintes, les personnages joués à leur dénouement, Blanche se consacrait avec avidité à une recherche désordonnée de sensations qui la préservait de tout attachement.

Son rire contagieux, ses manifestations bruyantes de joie séduisaient, suggéraient un esprit insouciant. Personne ne semblait remarquer l'éphémère voile de tristesse qui poudrait ses traits, certains soirs, la poussait à s'étourdir, une brasserie où finir la soirée, une dernière danse, la compagnie de fêtards inconnus. Il y avait dans cette quête une souffrance discrète que trahissait sa soudaine fièvre à vouloir rire, s'amuser, pour rester au-dessus de la ligne de flottaison des sentiments.

Un rayon de soleil sur le bras, un souffle de vent dans le cou, un oreiller à l'odeur de propre, le peuple des petits bonheurs chassait les fantômes qui la hantaient, ou plutôt les tenait en respect le temps d'un égayement.

Elle enviait les poissons que l'onde caressait, conduisait au gré du courant, tantôt froid, tantôt chaud, n'être plus que ce frôlement délicieux qui les emmenait au large.

Madeleine ne cessait de lui reprocher son air de chatte en rut.

Blanche se déshabilla, les mains sur ses seins, presque honteuse. Pour chasser sa gêne, Madeleine les gratifia du récit de sa dernière aventure.

Deux jours plus tôt, elle était tombée sur un article de *L'Écho de Paris* qui parlait d'elle. Une demi-colonne en deuxième page...

« L'Amazone des faubourgs », c'était le titre.

On parle de toi dans le journal ? l'interrompit Catherine.

Madeleine éluda.

Un type qui signe Le Veilleur a écrit que je constituais un danger pour la famille et les bonnes mœurs...

À la déclaration de guerre, Madeleine s'était précipitée au bureau de conscription pour s'engager. Les militaires avaient ri. Si elle souhaitait servir sa patrie, elle n'avait qu'à devenir infirmière. Je ne suis pas une nurse, mais une combattante. Elle n'avait rien contre les Boches. Au contraire même, elle avait lu nombre de leurs philosophes. Elle voulait juste prouver qu'une femme sait tenir un fusil aussi bien qu'un homme.

Depuis six mois qu'elle habitait la chambre de bonne en face, Blanche et Catherine n'étaient pas parvenues à percer son secret. Sa façon de parler pouvait faire croire qu'elle était du même monde qu'elles. Mais il lui arrivait de glisser un mot, une expression qu'elles ne comprenaient pas.

L'imbécile ! Je me suis pas dégonflée ! Ni une ni deux, je me suis pointée à *L'Écho de Paris* !

Les deux voisines l'écoutaient, partagées entre l'admiration et le fou rire.

Un jour, Catherine s'était servie de son passe pour fouiller la chambre de Madeleine, absente. Victor flairait une affaire qui pouvait rapporter. Des piles de livres montaient le long du mur jusqu'au plafond. Elle en était ressortie à reculons. J'avais l'impression de piller une tombe.

Le journaliste était à son bureau. Madeleine lui avait jeté le journal ouvert à la page de l'article, avait pointé le bout de sa canne contre sa poitrine. C'est vous qui avez écrit ça ? Tout en lui trahissait la brillantine, le quart de vin, le médicament.

Avant qu'il ait le temps de reprendre ses esprits, bim ! Je le soufflette !

Tu lui fais quoi... ? demanda Catherine.

Une mornifle !

Le petit homme s'était levé. Une mèche pendait lamentablement devant son front, pareille à un tableau décroché du mur.

Je vous laisse le choix des armes, que je lui dis.

Tu l'as provoqué... en duel ?

Catherine rit si fort qu'elle s'affala sur les fesses. Blanche battit des mains. Elle l'imagina l'épée à la main, esquivant les attaques du journaliste, avant de le toucher au cœur.

Madeleine devina ses pensées. Elle ramena sur son ventre les pans de sa veste.

Et après... ? Qu'est-ce qu'il a dit... ?

L'encrier déversait son sang noir sur le bureau. Les feuilles pleines de mots vides pleuvaient sur eux comme une pluie de septembre, froide, sans joie. Les moulinets de la canne s'échappaient des mains qui tentaient de l'attraper. Elle veut me tuer ! glapissait Le Veilleur. La voix de Madeleine, rendue belle par la colère, s'envolait sous les colonnes métalliques de la grande salle. Bats-toi si tu es un homme ! Le rédacteur en chef l'avait saisie par le poignet, lui faisait mal, un hommage à sa rage.

Il lui a interdit de croiser le fer avec moi ! gémit Madeleine. Pas de duel avec une femme !

Elles poussèrent un « oh » de déception, comme si le coup avait désarçonné leur championne.

Il avait trop peur que tu lui troues la paillasse, conclut Catherine en reprenant son ouvrage. Elle se dirigea vers sa malle, y fouilla. Elle en retira une étoffe de soie grège.

Pour le manteau ! De la grenadine. Touche-moi ça. Ton défunt mari mérite la plus ravissante des veuves.

Blanche rougit.

La robe, c'est une combine de Victor... ? interrogea Madeleine.

Paris était devenue une ville de province.

Les rues avaient l'air aboulique des allées de sous-préfectures, les bancs offerts aux chairs oisives des vieillards. Les devantures des magasins s'étaient couvertes de bandes de papier croisillonnées.

Le balancement des rails du tramway faisait défiler les immeubles, sans arrêter son regard. Dehors était loin, presque un autre monde. Des façades remplies d'habitants comme des boîtes à couture.

Elle descendit boulevard Haussmann.

Devant le siège du *Gaulois*, une maigre foule découvrait le communiqué de l'état-major. Chaque jour, à dix heures, à quatorze heures, les curieux venaient lire les bulletins. « 548e jour de guerre. Sept zeppelins ont survolé l'Angleterre dans la nuit. »

Un petit homme lâcha une bordée d'injures à l'encontre du Kronprinz. Le brassard bleu à parements rouges sur sa manche indiquait qu'il appartenait à la défense civile. Il en poussait sur chaque bras de l'arrière. Des cyclistes, un bandeau bleu à liserés jaunes, dévalaient les trottoirs. « Priorité transmissions ! »

aboyaient-ils. Même les musiciens en possédaient un, vert avec une lyre d'un jaune doré.

Une femme, un tablier à rayures bleues et blanches, annonçait les titres d'une voix placide. La préfecture avait interdit la criée des nouvelles. « Grave accident sur la ligne du Nord. » Une petite fille à ses côtés l'interrogea : Où ça ? — En gare de Saint-Denis. — Combien de morts ? reprit la gamine. Les passants s'arrêtaient. La femme au tablier leur tendait le journal. Dix centimes !

La même scène se répétait devant *Le Figaro*. « Le corps d'une femme a été dégagé de dessous les planches carbonisées. »

Blanche accéléra le pas, s'engagea dans la rue du Faubourg-Montmartre.

Même le gris de Paris, si particulier en son dégradé, un arc-en-ciel de mélancolie qui s'adaptait à l'humeur de chacun, s'était estompé au profit du ton sans âme ni nuance des sous-préfectures — le bistre pontifiant des terrasses du Grand Café.

Les hommes avaient disparu un matin, dans les clameurs. Une ville de putains et de veuves, s'attristaient les officiers anglais en route pour le front.

Un soir à la sortie de l'Ambigu, les comédiennes avaient été prises à partie par un permissionnaire. C'est de votre faute ! Si vous ne nous aviez pas laissés nous empiler dans les trains... Accroché à un réverbère, il beuglait. Si vous aviez crié que vous ne coucheriez avec aucun gars qui en aurait tué un autre... Elles s'étaient arrêtées, soudain gênées. Eh bien quoi ? lui avait crânement demandé Marthe. Il s'était mis à pleurer. Personne ne serait parti.

Blanche baissa la tête, marcha vers la butte Montmartre.

L'époque était au credo. Foi sans mysticisme de notables provinciaux, herses de cierges à trente centimes, dressées dans les travées du Sacré-Cœur, de Notre-Dame-des-Victoires, emplies de processionnaires.

Le cœur suppliant des mères de mobilisés, Mon Dieu, protégez-les, dans la boue de l'Aisne, la craie de la Champagne. Celui des veuves blanches, mariées par correspondance à des conscrits dans les tranchées, brûlait du retour de leurs époux, morts entretemps sans qu'elles aient seulement caressé leur visage. Ô Seigneur, faites que nos troupes soient bientôt victorieuses... priait une des comédiennes de l'Ambigu. Elle n'avait ni frère, ni mari, ni père au front. Que je sois encore jolie quand ils reviendront.

Des prêcheurs arrêtaient les passants sur le parvis des églises, accompagnés de chorales de mutilés, d'amputés, de gueules cassées. Mieux vaut un homme sans bras qu'un homme sans cœur. On envoyait des tonnes de linge, de vêtements. Oreillers du blessé. Chemises du combattant. Cigarettes du poilu. L'œuvre de la Serviette du soldat « fournit gratuitement des serviettes pour l'essuyage des hommes après la douche tiède prise au moment du repos ». Les aumônières pansues, les troncs d'église débordaient de centimes, de francs, de louis, de napoléons. La danse des vivants était plus obscène encore que celle des morts.

La crédulité consumait Paris.

Achetez les pilules Pink. L'incomparable régénérateur du sang. Indispensable en cas de blessure. 3,50 fr. la boîte. 17,50 fr., les six. Les colis envoyés au front en étaient pleins. Et aussi de biscuits reconstituants, de comprimés toniques, de suppositoires antihémorragiques, Jubolitoire, le seul médicament qui permet à nos valeureux combattants de retrouver l'énergie dépensée par la tension des nerfs sous les bombes, extrait de viande reconstituée, avec noix de kola et sucre, 4,60 fr. les vingt-cinq pilules.

Blanche longea Notre-Dame-de-Lorette. Elle relut l'adresse sur l'enveloppe. En haut de la rue des Martyrs, là où elle croisait l'avenue Trudaine. L'air froid pénétrait dans ses poumons.

La guerre est notre chance ! proclamait Victor. Elle faisait jaillir des gisements de pigeons. Il n'avait jamais vu pareille fête du Trône.

Il avait patienté une semaine après que Blanche s'était fait virée de l'Ambigu. Je vais t'affranchir. Il l'avait enlacée. Ses lèvres qui lui parcouraient le cou réclamaient son abandon. Arrête ! s'était-elle reprise. Un vase avait fini sa course contre le mur. Victor s'était coupé en ramassant les morceaux, une entaille à l'index. Elle le soupçonnait de l'avoir fait exprès. Il avait barbouillé le visage de Blanche de traînées rouges qui en séchant s'étaient ombrées à la façon de peintures de guerre. Tu es à moi ! Blanche avait porté la plaie à ses lèvres, caressé sa paume. Il avait les doigts fins, les mains blanches des apaches qui rejetaient avec mépris tout travail manuel. Le goût du sang avait empli sa bouche, comme un pacte.

La pente lui coupait le souffle. Quand elle faisait un effort, ses joues rougissaient. Ma petite pomme, l'appelait Victor après l'étreinte.

L'administration payait 3 francs des employés spécialisés qui apportaient le télégramme officiel annonçant le décès d'un soldat à sa famille, à son épouse. Ils devaient manier « avec retenue et compassion », selon les termes de la circulaire, les condoléances patriotiques. C'est pourquoi des veuves étaient embauchées en priorité, supposées plus à même de faire preuve de tact.

La combine consistait à suggérer aux parents du défunt un service funéraire en sa mémoire. La maison Marchand et fils reversait une commission de 5 % pour toute affaire qu'elle amènerait.

C'est pas dangereux ? — Mon cul, mon œil ! Catherine avait été chargée par Victor de la former. Un cours de psychologie accélérée. « Le choc leur fait perdre le jugement. À toi d'imposer la direction. Avec doigté. Un peu d'apitoiement, une larme et basta, cinq chemises, une journée de couture », avait résumé Catherine. En quelques jours, elle lui avait enseigné tout ce qu'il fallait savoir.

Blanche s'était promis d'économiser sur l'argent de ses « missions » — Catherine se plaisait à donner à chaque arnaque un caractère militaire — pour s'acheter une paire de bas en soie sans couture.

Le concierge se signa quand elle lui montra le nom sur le télégramme.

Elle jouerait son rôle de veuve, comme un de ces personnages de méchants sur lesquels reposaient les mélodrames. Les méchants eux aussi saluaient le public à la fin, parfois même s'attiraient plus d'acclamations auprès des connaisseurs.

Victor lui avait fourni des faux papiers. Ils faisaient d'elle la veuve du caporal Pingeot, mort sur la Marne à l'automne 1914.

Elle grimpa les étages, préparant son entrée en scène. Ses épaules se voûtèrent. Elle cherchait la lassitude plus que le poids du chagrin. De sa main droite, elle se mit à battre la mesure. Elle imaginait une musique solennelle, une messe. Elle avait rejeté la suggestion de Catherine, un bref signe de croix chaque fois qu'elle évoquerait le défunt. Elle ne jouait pas la veuve, lui avait-elle expliqué, mais une veuve. Il fallait un tic qui n'appartenait qu'à l'épouse de feu René Pingeot, un chant funèbre qu'elle entendait dans sa tête. Ce geste intriguerait son interlocutrice. Sa méfiance s'envolerait.

Le visage d'une femme apparut, les cheveux blancs tirés de part et d'autre d'une raie qui dessinait un trait de chair au-dessus de son front.

Je... commença Blanche incertaine.

La vieille se redressa. Ses traits se contractèrent à mesure qu'elle examinait sa visiteuse. Elle essuya nerveusement ses mains sur son tablier. Blanche connaissait la lueur fataliste qui brillait dans ses yeux. Sa mère autrefois offrait la même au visiteur inconnu. Il ne pouvait apporter qu'une mauvaise nouvelle.

La mairie du IXe arrondissement...

Elle s'arrêta. Sa main marqua discrètement la mesure. Le geste produisit son effet. L'autre étouffa un soupir, l'invita à s'asseoir.

Une soupe mijotait sur le fourneau. Le bruit de son frémissement régulier évoquait le battement las d'un cœur. Une odeur un peu surette s'en échappait, luttait contre celle plus forte qui émanait des meubles. Le parfum de cire trahissait les efforts de la vieille pour masquer l'usure, le bois mangé aux vers. Un même étiolement rongeait les moulures, couvertes d'une couche jaunâtre, une glace piquée de rouille, un calendrier graisseux avec sa litanie des jours, barrés l'un après l'autre. Blanche frissonna. Ses quelques mots emporteraient tout ça.

C'est lequel ? La vieille finit par demander.

Un instant, un moment. Blanche la regarda sans comprendre. Ses trois fils étaient au front. Elle s'affala sur une chaise. Aucune larme, aucun tremblement. L'aîné était dans la Somme, le deuxième quelque part en Artois, le dernier à Verdun.

Blanche fouilla les poches de son manteau.

Si je savais lequel, je pourrais pleurer. Un instant, un moment. La main froide de la vieille transperça la manche de Blanche. Elle marmonna le prénom de son dernier, comme un aveu. Blanche renversa son sac sur la table. Elle avait dû perdre le télégramme dans l'escalier. À l'idée de se lever, de redescendre les étages, penchée au-dessus de chaque marche, elle sentit ses jambes se dérober. Elle eut le pressentiment qu'elle ne parviendrait jamais à remettre la main dessus.

Une mère chérit tous ses enfants, s'excusa la vieille.

Les deux femmes restèrent prostrées, un instant, un moment. Blanche psalmodiait, je suis désolée. L'autre se releva, éteignit le feu sous la soupe.

Il vient d'avoir vingt ans. Abîmée dans ses souvenirs, elle ajouta, mon dernier.

Blanche imagina le jeune homme, un beau garçon, une petite moustache qui le rendait fier, un sourire timide. Elle scruta les doigts de la vieille. Il devait avoir les mêmes, fluets, roses, quelque chose de féminin. Les hommes aux mains effilées conservaient une tendresse, un souvenir de l'amour de leur mère.

Et vous, il avait quel âge ?

La vieille la dévisageait dans l'espoir de partager une même douleur. Blanche ne parut pas comprendre. Elle rougit. « Tu en dis le moins possible... » lui avait conseillé Catherine. Blanche voulut revenir au fils de la vieille, reprendre le conseil amical, un service funéraire à 22 fr 50, pour honorer sa mémoire. La vieille insista. Blanche décrivit Victor. Une tristesse accueillante l'envahit, comme si elle parlait d'une ancienne aventure.

La vieille la noyait de questions. Est-ce que son défunt mari avait une belle voix ? Son fils chantait autrefois dans la chorale de sa paroisse, le curé disait qu'avec un tel organe, il aurait pu finir au chœur de Notre-Dame.

Ses mains s'agitèrent au-dessus de la table — perdues.

Blanche se raidit. Je suis désolée, murmura-t-elle, proposa de partir à la recherche du télégramme. L'autre passa son bras autour de ses épaules. Blanche n'aurait jamais cru qu'une telle force puisse émaner de ce corps.

Elle ne pourrait supporter chaque jour cette peine. Ange des mauvaises nouvelles, putain de la mort. C'était comme si un peu de vie s'exhalait d'elle, pire, la volonté de mettre fin à cette fraternité funèbre, arnaquer vraiment les naïfs, pour extirper jusqu'au dernier regret dans son cœur...

Seuls les méchants de comédie sont de vrais méchants.

Comment vous l'aviez rencontré ?

La vieille consolait Blanche, la berçait. Ma fille.

Il était magicien, enfin un genre de magicien. Un fakir, plutôt.

Victor se produisait chaque soir dans un cabaret près de l'Opéra. Son spectacle lui servait de couverture. Il se comportait dans la vie comme sur scène, un ton, des mots, un geste, détourner l'attention, rouler le pigeon. Sur scène, il arborait un turban sur la tête, une tunique moirée sur laquelle était dessiné un dragon crachant du feu. Deux traits de khôl soulignaient ses yeux comme enfoncés au fond de leurs orbites.

La description étonna la vieille. Son dernier était si timide, jamais il n'aurait pu faire du théâtre.

Victor l'avait fait monter sur scène. Elle avait remarqué la grimace de l'assistante, miss Ping. Elle était moulée dans une robe de satin bleu. Les plis tendus du tissu lamellaient son buste depuis ses côtes jusqu'à la rangée de boutons dorés.

Blanche succombait, elle le sentait. Les remords l'ennoyaient. Elle n'avait jamais parlé à personne de leur rencontre, encore moins de Victor.

Elle se mit à sangloter. Catherine le lui avait assuré. « Ça les touche toujours. »

Victor s'était adressé au public avec un accent censé imiter celui d'un Hindou. Il allait découper la charmante demoiselle avec une scie. Il avait glissé à l'oreille de Blanche comment replier ses jambes dans la boîte.

La vieille s'émerveillait, une histoire d'amour pas ordinaire, répétait-elle. Blanche s'abandonnait aux charmes vénéneux de la remémoration. Elle respirait mal, coincée entre les parois de la boîte. Les mains de Victor s'agitaient au-dessus d'elle. Des lignes parcouraient ses paumes, livraient les signes secrets de son destin. Elle sentait qu'elle en faisait partie. Il avait entamé le va-et-vient de la scie.

La vieille s'échauffait à la consoler, ne pleurez pas, jeune comme vous êtes... ma fille...

Les yeux de miss Ping, faits au noir, taillés en amandes, cillaient. Elle souriait aux spectateurs, pendant que ses doigts pinçaient la chair le long de l'oreille de Blanche. Elle avait poussé un petit cri.

Entre ses pleurs, elle voyait apparaître le visage de la vieille, pareil à celui des spectateurs, inquiète, la bouche entrouverte. Il fallait arrêter toute cette merde. Elle perdait pied. Ma fille.

Caché par l'ampleur de sa robe, Victor avait décoché un coup de poing dans l'aine de son assistante. Dans sa chute, elle avait arraché le rideau de scène. Salaud! L'accent canaille plus encore que la crudité du terme avait suspendu la réaction de la salle.

Elle était pas chinoise! s'exclama la vieille.

Blanche avait échoué, Catherine ne voudrait jamais la croire.

Un tonnerre d'applaudissements avait accueilli la séparation des deux morceaux de la boîte. Puis Victor les avait raboutés, en prononçant une brève incantation. Blanche s'était relevée. Il lui avait donné une petite tape sur les fesses au grand plaisir des spectateurs.

On ne peut pas imaginer le môme qu'on a torché mort dans une terre inconnue, la vieille murmurait, il était si gentil petit.

Victor l'avait entraînée dans les coulisses. Sa langue se faufilait entre ses lèvres, s'entortillait autour de la sienne, comme dans une prise de lutte. En quelques mois, il s'était insinué dans les moindres recoins de son existence, tel un arbre qui renverse le mur contre lequel il est adossé.

Votre mari est mort depuis combien de temps? Blanche sursauta. Dix-huit mois. C'est assez le deuil. Les morts ne réchauffent pas les lits. Il te faut vivre, la tutoya soudain la vieille.

Son souffle de plus en plus court l'avertit de l'imminence de la catastrophe. Elle se récita quelques répliques de ses rôles. Les mots des autres la protégeaient. Elle maudit Victor et ses combines. Prendre part à ses arnaques ne l'effrayait pas plus que ça. Après tout, elle avait déjà vendu quelques sourires contre un repas. Ce n'était pas non plus l'endurcissement progressif qu'elle pressentait au fond d'elle. Elle pourrait avec un peu de pratique se faire à cette vie d'arsouille. Mais il l'entraînait sans qu'elle trouve la volonté de lui résister. Encore quelques semaines et elle ne pourrait plus lui échapper. Elle deviendrait sa chose, sa protégée... Elle était dans sa boîte. Elle étouffait. Les bras de Victor étaient comme les chaînes de son numéro, avec ses mains plus grosses que les cadenas. L'image la fit hoqueter. Tout devint flou. Les hommes portent en eux notre perte, comme la nuée l'orage, prophétisait sa mère. Blanche était dans le cercueil, hurlait qu'elle voulait sortir. Victor allait réellement la couper en deux, cette fois-ci plus de magie. Elle sentait le long de son corps les ronflements du bois causés par les dents de la scie. Il riait tout en accélérant le va-et-vient de son instrument. La fade odeur des poireaux et des patates envahissait ses narines, un avant-goût de terre. La tête lui tournait. Ma fille ! cria la vieille.

Quand elle rouvrit les yeux, Blanche l'aperçut penchée sur elle. Elle posait un linge mouillé sur son front. Ça va aller, la rassura Blanche. En se levant, elle aperçut un papier sous la table.

Le télégramme !

La vieille l'enfouit dans la poche de son tablier. Il a failli me tuer lors de l'accouchement. Elle se tourna vers la fenêtre comme si elle lui parlait par-delà les immeubles, les champs, les forêts, et aussi les boyaux des tranchées, le *no man's land*.

Blanche se glissa jusqu'à la porte. En retrouvant l'air libre de la rue, elle sut.

Elle avait peur de Victor.

La chambre était glacée. Du givre encadrait les vitres.

Victor était sorti. Blanche ne l'avait pas entendu se lever.

Avec la guerre, la bande dont il faisait partie avait pris une ampleur inégalée. Il suffisait de se cacher dans les plis du drapeau tricolore pour faire tomber l'artiche. De faux abbés récoltaient du linge de corps qu'ils revendaient sur les marchés. De faux Belges quêtaient pour leurs compatriotes réfugiés, d'autres pour les vaillants Serbes, les Grecs courageux. Un autre volait le soulier de chaque paire exposée à la devanture des chausseurs. Il les refourguait à bas prix aux mutilés de guerre, pied gauche pour l'un, pied droit pour l'autre.

Une rage de réussite s'était emparée du chef de Victor, une rage pareille à celle, au front, des combattants les plus patriotes.

L'air froid s'engouffra sous les couvertures, lui remonta le long des bras jusqu'à la nuque. Blanche envahit la place vide de Victor.

Le visage des alcooliques s'affaissait lentement, une baraque à l'abandon, la couperose comme une herbe folle gagnait peu à peu les pommettes, le pourtour des lèvres. La physionomie des voyous au contraire se raffermissait. Leurs traits désertés s'agitaient au moindre bruit, les narines toujours en alerte. Les amis de Victor avaient le même regard à l'éclat froid que donne l'âpreté. Ils soupesaient Blanche du coin de l'œil.

Victor, lui, conservait un air juvénile, les gars de la bande l'avaient surnommé « fleur de lys ».

Blanche avait appris à se défier de ses sourires comme de ses colères. Ses mains, elles, ne mentaient pas. Quand il bonimentait, elles se rétractaient jusqu'à disparaître dans les manches de sa veste.

Elles ne s'abandonnaient jamais vraiment, quelques instants tout au plus après l'étreinte. Alors, il n'était plus le lieutenant fidèle de son chef, ni le jules violent, ni même un homme, juste un adolescent grandi trop vite qui, ignorant quel rôle tenir, se livrait sans défense ni pudeur.

Ses mains parcouraient le ventre de Blanche, passaient sur ses seins. Elles remontaient le long de son cou pour enserrer son visage. Il lui donnait un bref baiser.

Les hommes passaient, feuilles battues par le vent. Blanche ne faisait rien pour les garder ni les chasser. Elle embrassait comme elle quittait, sans un regret. Armand avait tout détruit. De temps à autre, un souvenir frayait parmi ses pensées. Elle avait tout abandonné pour lui, fait de même quand elle l'avait fui. Aussi violent qu'un deuil. Elle lui avait offert une chevalière, sur le chaton était gravé un A. Pour anarchie, elle avait précisé. Il professait cette doctrine. Comment avait-il pu... ? L'interrogation continuait à saigner à son insu — l'envie de revenir en arrière, jamais en repos. Elle s'était fait une promesse, jamais plus aucun homme... Elle avait seize ans alors, maintenant un peu plus de vingt-deux.

Victor était entré dans son existence à la façon d'un cambrioleur, un fric-frac amoureux, bien dans sa manière. Il habitait près de la place Clichy, commençait sans doute à être trop connu dans son quartier. Ta piaule est plus pratique que la mienne, ma petite pomme. Il avait glissé sa valise aux coins défoncés sous le lit. Il s'était allongé. Elle avait posé sa tête sur sa poitrine. Les battements rapides du cœur de Victor démentaient son air indifférent. Il avait dû rester un moment devant sa porte avant d'entrer.

Pas de promesse, pas de serment. Même aujourd'hui, Blanche n'était pas sûre qu'ils formaient un couple. Ça lui convenait ainsi.

Victor pouvait revenir d'un moment à l'autre. L'incertitude faisait flotter une menace dans la pièce. Elle frissonna. Un mauvais présage.

Blanche se revit à la table de la cuisine chez ses parents. Sa mère, penchée au-dessus du fourneau en fonte, paraissait plongée dans sa recette. Elle parlait sans jamais se retourner mais tout son discours s'adressait à sa fille.

Peu avant la naissance de Blanche, une femme habitait un garni dans le haut de la rue Ramponeau. Elle était brodeuse à domicile. Chaque semaine, elle rapportait son ouvrage à sa patronne, dans le Marais. Elle emmenait avec elle sa fille de huit ans. Un jour, la petite étant malade, elle avait dû la laisser seule chez elle. Quand la brodeuse était rentrée, sa fille avait disparu. Personne n'avait su ce qu'elle était devenue.

Sa mère mettait Blanche en garde. Les voisins des étages inférieurs, les vitriers, ramoneurs, plâtriers, vendeurs de statues qui pullulaient à Belleville, les musiciens et chanteurs de rue qui, sous prétexte de pousser la sérénade dans la cour, pénétraient dans les immeubles... Son imagination enrichissait sans cesse la litanie des dangers. De vieux messieurs au ton doucereux — la débauche ne s'éteint jamais —, les ouvriers au chômage chez qui l'oisiveté réveillait les mauvaises pensées, les petits voyous qui guettaient les allées et venues des habitants, les romanichels qui grimpaient par les gouttières, les rémouleurs, les raccommodeurs de paniers, les cardeurs de matelas, les vendeurs de billets de loterie, les marchands de toutes sortes, de papier d'Arménie, de mourons, d'éventails, de pâte pectorale, de pièges à mouches, de toile cirée — qu'un nouveau apparaisse dans le quartier, sa mère l'ajoutait à sa liste. Elle y incluait même son mari sous l'emprise de l'alcool.

Tandis que sa mère ressassait, Blanche s'efforçait de ne plus bouger. Lorsque malgré tout un bruit la tirait de son exaltation, elles s'agenouillaient sur le carrelage. Les mains orantes, elles imploraient la Vierge Marie de préserver Blanche des hommes, jusqu'à ce que celle-ci, submergée par la douleur des carreaux s'enfonçant dans ses genoux, laisse échapper les premières larmes.

Elle s'asseyait parfois contre la porte de l'appartement, écoutait à travers le mince panneau de bois l'écho assourdi des pas, des conversations dans l'escalier. Elle se sentait attirée par cet appel qui montait des entrailles de la ville, que sa mère vitupérait sans relâche, la voie suraiguë, déformée par ces images multiformes du Pandémonium.

Victor resserrait chaque jour son étreinte. Il faisait mine de la frapper. Ses mains esquivaient au dernier moment son visage, cognaient dans la cloison, tels les couteaux qu'il lançait le long de la silhouette de sa nouvelle assistante.

Blanche fermait les yeux. Le bruit du coup contre le mur résonnait dans sa tête. Elle sursautait, s'exagérait la force du choc. Un second presque aussitôt. Un troisième. À la fin, il avançait sa main, chaude comme une morsure, lui caressait le visage. Elle sursautait plus encore que s'il l'avait frappée. Tout ça c'est de ta faute. Bientôt il la renversait, la queue dure, un vrai poignard. Ne pleure pas, lui murmurait-il à l'oreille, ne pleure pas ma petite pomme.

Elle se glissa hors du lit, à contrecœur. Elle enfila une veste par-dessus sa chemise de nuit.

Comme l'avait remarqué Catherine, d'ordinaire, ça traînait pas. Une mise en jambes pour le reste, si tu vois ce que je veux dire. J'ai su que mon temps était fini le jour où il a cessé de me battre. Une telle retenue était le signe qu'il avait pour Blanche un attachement spécial. Il veut peut-être te marier, lâchait son amie, un frisson dans la voix.

Victor avait le goût âpre du danger. Il lui faisait peur, l'électrisait aussi. Bien des fois, Blanche avait eu la tentation de bouger la tête pour que sa joue, sa bouche reçoivent le coup. Lorsqu'au dernier moment, Victor se retenait, elle se crispait comme si elle avait hérité du pouvoir maléfique de sa mère, à effrayer son mari.

Elle se souvenait de son père rongé par sa colère, qui arpentait la pièce en hurlant des jurons, pendant que sa mère priait, forçait Blanche à faire de même. Il lui semblait qu'alors, un homme c'était cette force bouillonnante qui, d'un coup, débordait.

Victor interprétait son personnage de mauvais garçon sans imagination. Il était de ces acteurs qui se cantonnent à un seul emploi. La veille, il était rentré, le regard enjôleur. Les mains cachées dans son dos. Il avait ri, un peu trop fort, pour dissiper la méfiance de Blanche. Un petit paquet était apparu. Tout cela ressemblait à un de ses numéros. Il lui avait acheté la paire de bas en soie sans couture qu'elle lorgnait depuis plusieurs jours. Il s'était sans doute renseigné auprès de Catherine. Il avait obligé Blanche à tourner sur elle-même, les pans de sa robe relevés, avant de la faire rouler sur le lit. Tu vas les filer... Mon cul, mon œil ! Je t'en rachèterai d'autres. Il lui avait annoncé sa nouvelle combine.

Elle but son café, le front collé à la vitre. La froideur du carreau la fit frissonner. Sa chambre de bonne donnait sur la cour intérieure. Les vagues des toits de Paris venaient battre contre la fenêtre, houle paisible. Il lui avait promis de s'y aventurer un soir d'été. Elle s'imagina allongée sur le zinc chaud comme un champ.

La douceur sournoise de Victor lui faisait encore plus peur que sa violence. Il était prêt à tout pour parvenir à ses fins. Il savait se montrer malin. Suffisamment pour avoir réussi à échapper à la conscription. Quand elle évoquait le sujet, il se contentait d'un sourire satisfait. Me faire trouer la peau, très peu pour moi...

Catherine n'était guère plus diserte sur le sujet. Tout juste prenait-elle un air d'importance qui suggérait qu'elle avait sa part dans la combine.

Il n'avait pas peur de braver l'hostilité des femmes qui, dans la rue, le traitaient d'embusqué, ni les contrôles des flics. Une moue rieuse aux lèvres, Victor leur tendait une feuille soigneusement pliée dans son portefeuille. Ils examinaient perplexes le papier. Le dévisageaient. Ils se résignaient finalement à le laisser partir.

Le froid la poussa à s'habiller vite. Son jupon de linon la serrait un peu à la taille. Le directeur de l'Ambigu réprimandait les comédiennes qui prenaient du poids. « Mesdemoiselles, la graisse est l'ennemi de l'art ! » Elle passa sa main le long de ses hanches. Un début de ventre galbait le tissu. Encore un mauvais signe.

Depuis que les hommes étaient au front, les trottoirs de Paris fourmillaient de femmes, plus avides les unes que les autres de se faire une place. Une guerre sans merci, où les maigrichonnes, aux allures masculines, partaient avec un avantage.

Elle hésita à se recoucher. Elle y renonça à la vue du journal sur la table, déplié à la page des petites annonces.

Victor en avait entouré une en rouge. L'adresse indiquait un immeuble dans le faubourg Saint-Honoré. Blanche acheva de se préparer. Chez ce genre de bourgeois, faut pas se pointer trop tôt, avait-il expliqué la veille. C'est le signe qu'on a besoin d'argent. Mais pas trop tard non plus. À l'heure du déjeuner, il risque d'y avoir du monde, tu peux tomber sur un type curieux.

Elle n'était pas en retard.

T'auras pas à jouer les veuves cette fois.

Chaque jour, des milliers de gens faisaient paraître les mêmes avis. Sans nouvelles de leur mari, de leur fils, de leur frère, ils sollicitaient par voie de presse les camarades du disparu. La même litanie. Un nom, la classe, un numéro de régiment, parfois un secteur, la date depuis laquelle il n'avait plus donné signe de vie, et un appel à qui saurait quelque chose, avec une adresse où écrire.

Tu leur dis que ton frère est dans la même compagnie. Ils ont été faits prisonniers et envoyés en Allemagne. Un camp près de la mer Baltique.

Il suffisait ensuite d'expliquer qu'elle avait un contact à la Croix-Rouge en Suisse qui faisait passer ses lettres à son frère. Elle leur proposait d'utiliser le même circuit, ne voulait rien pour elle. Juste le réconfort apporté à une famille française. Il y avait uniquement quelques frais de correspondance.

Tu refuses qu'ils te les règlent. S'ils sont encore un peu hésitants, leurs doutes s'évanouissent. Une poste restante à Genève. Le chef de la bande avait un complice sur place qui ramassait l'oseille.

Le gars est mort de toute façon. Grâce à toi, ils peuvent s'accrocher à l'espoir qu'il est toujours de ce monde... Elle s'étonna de la facilité avec laquelle elle s'était laissé convaincre.

Par bravade, Blanche décida d'étrenner sa nouvelle paire de bas. L'inquiétude la reprit. S'ils demandaient des détails sur son frère, sur le contact en Suisse?

Catherine n'était pas là pour l'aider. Encore un signe. Régulièrement, elle disparaissait un jour, parfois deux. La rumeur affirmait qu'elle avait eu un enfant d'une précédente aventure. Blanche ne pouvait imaginer que sa voisine ne lui en ait jamais parlé. Elle revenait, avec le même sourire franc. Seule sa pâleur plus prononcée soulignait la réalité de cette absence.

Blanche s'apaisa en sentant la caresse de la soie remonter le long de ses jambes, admira la ligne pure qui lui dessinait un mollet sans défaut.

Elle déchira la page de l'annonce, la glissa dans sa poche.

29 fr 80. Le visage de Victor s'était illuminé en lui annonçant le montant de l'arnaque. La trouvaille du chef, il lui avait dit, sa petite touche de génie pour leur soutirer du caramel. Ne pas arrondir, c'était ça l'idée lumineuse. L'escroc sans malice annonce 30 francs, le gogo se ferme comme une huître. Mais tu lui balances 29,80, aussitôt il se sent en confiance. C'est comme ça. Il y a chez les caves une croyance dans le bancal. Leur vie n'est pas arrondie, ils ne connaissent que l'à-peu-près, le flou, le tordu.

Elle s'engagea sous la porte cochère.

Un vieux concierge l'arrêta. Il avait le même regard de compassion que celui des saints sur les images pieuses de sa mère. Détaché et perçant à la fois, comme s'il devinait la laideur du monde, en excusait par avance les pécheurs.

Elle grimpa le large escalier. Le bruit de ses pas disparaissait dans l'épais tapis bordeaux aux entrelacs de fleurs jaunes. Écrasée par ce silence et le lustre imposant, elle se replia le long du mur, y appuya sa main pour continuer à monter. Sa robe s'accrocha dans une attache en fer près de la fenêtre de l'étage. Blanche reconnut le craquement sec d'un tissu. Elle jura, écarta le pan de son manteau, observa l'étoffe de son jupon qui descendait jusqu'au genou. Juste en dessous, un rond de chair rose à l'arrière de son mollet attira son regard. Elle avait filé son bas.

Elle s'assit sur les marches, passa ses doigts à l'endroit où la soie s'était déchirée, ne parvint pas à pleurer. Il ne lui appartenait pas de réécrire la pièce. Elle avait conservé de ses rôles une soumission à l'intrigue.

Le visage sans expression d'un valet en livrée apparut dans l'entrebâillement de la porte.

Elle débita son laïus, une affaire d'importance pour ses patrons. Elle sortit la coupure de presse de son sac.

Le valet la fit patienter dans un boudoir. Le drapé des rideaux à lame de velours carmin encadrait la fenêtre. Les murs couverts de photographies sans doute de membres de la famille, leurs cadres sévères rendaient l'atmosphère plus étouffante encore. Les rangées de livres, au dos uniforme, tapies derrière les vitres de la bibliothèque, la surveillaient. Blanche se sentait une voleuse.

Sur le guéridon, elle aperçut le portrait d'un jeune homme en uniforme.

La voix inquiète de la maîtresse de maison la fit sursauter.

Elle avait une soixantaine d'années. De fines rides quadrillaient son visage. Le refus de croire à la mort de son fils la poussait à arborer sur sa robe noire une étole au bleu séraphin. Blanche remarqua l'émeraude à son annulaire et la double rangée de perles à son cou.

Victor avait raison, les pigeons ne demandent qu'à être cravatés. Blanche se ferma au chagrin de la mère. Des cris brefs lui échappèrent au récit de l'arrivée de l'escouade de son fils dans le camp de prisonniers en Allemagne.

Elles s'assirent. L'hôtesse remarqua le bas filé. En montant vous voir, lâcha Blanche, pleine de dignité. La femme insista pour lui en faire porter une nouvelle paire.

Blanche se rappela son personnage de Julie dans la pièce de Jean Camus, *L'Héritière trahie*. Avec la même modestie que l'héroïne, spoliée de sa dot, repoussait la demande en mariage du jeune premier, Blanche refusa.

L'attention avide de la femme lui rappelait celle des spectateurs. Les mélodrames de l'Ambigu venaient à son secours. Blanche lui décrivit sa peine de savoir son frère en danger (*Le Jeu de l'auto et du hasard* de Paul Frémont), ses visites sans succès auprès du ministère de la Guerre (*Le Revenant de la revue* d'Abel Mourron où elle interprétait un soldat amnésique), ses lettres sans réponse (librement inspiré d'*Un amour en Chine* de Jules Merry). Abandonnant toute prudence, elle alla jusqu'à imaginer le retour du fils (*Quinze ans après* d'Auguste Parent), faillit se trahir en décrivant les steppes glacées (le héros de Parent était resté huit ans en Sibérie après la campagne de Russie). La mère se récria. Il ne fait pas si froid en Allemagne ! — La Baltique, madame ! asséna Blanche.

Elle se moquait bien de cette riche bourgeoise, de sa peine ou de son réconfort à 29 fr 80. Elle savourait son triomphe. Cette femme qu'elle se figurait rogue avec ses domestiques, intraitable avec ses fournisseurs avalait ses tirades grandiloquentes comme une potion balsamique, rendue naïve par la douleur.

Les pièces de boulevard au charme emphatique ne servaient plus à Blanche qu'à l'enturbanner. Elle faisait ses adieux à la scène, avec la maestria dont elle était capable.

Elle se tut, presque surprise de ne pas voir la femme l'applaudir.

Venez, vous allez dicter à mon cousin l'adresse de votre contact à Genève.

Elle fit entrer Blanche dans le salon. Un homme se tenait debout contre la porte comme s'il avait tout écouté.

Il chaussa son lorgnon, examina Blanche. Un sourire mangea le bas de son visage.

Mademoiselle Beaulieu ! De quel beau numéro vous nous avez gratifié...

Blanche se figea.

Il ajouta à l'intention de sa cousine, aussi surprise que Blanche :

Mademoiselle Beaulieu et moi nous sommes déjà rencontrés.

Il lâcha d'un ton de connivence menaçant.

Abraham Dreyfus, auteur dramatique.

« Laissez-moi, Monsieur ! »

Dreyfus agita son lorgnon en signe de réprobation. Il ne faut pas commencer *troppo alto* sinon le reste de la pièce paraîtra fade. L'effet comique d'*Un crâne sous la tempête* repose sur l'interprétation de l'épouse et les jeux de physionomie du mari.

Il lui réexpliqua l'intrigue. Un homme rentre tard. Sa femme lui jette à la tête les pires horreurs. Elle est inarrêtable. Il se résigne, attend qu'elle se lasse. Elle étouffe de colère. Aujourd'hui est un jour spécial, la Sainte-Félicie, le prénom de l'épouse. C'est alors que le spectateur apprend la véritable raison du retard du mari. Il montre un bracelet et l'inscription gravée du prénom de l'épouse. Le courroux de la femme cède aussitôt la place à une affection tout aussi débordante...

Il faut que vous détachiez le « Monsieur ». C'est presque une injure. Une provocation en tout cas.

« Laissez-moi,... *Monsieur* ! »

Il appuya le dernier mot comme un reproche.

Rien ne s'était passé comme prévu.

L'apparition de Dreyfus avait sonné comme un de ces coups de théâtre dont raffolent les auteurs de boulevard.

La mère du disparu l'avait giflée. Blanche n'avait pas pleuré. Ni même baissé la tête. Elle était loin. Les images se bousculaient. Des flics en nombre dans le salon. Un juge, les lunettes à mi-nez. Trois ans d'emprisonnement. L'odeur d'urine de la cellule. Les vaches de la ferme de la rue des Serres, en rang à l'étable, lui lançaient un regard indifférent.

Le domestique avait accompagné sa maîtresse dans sa chambre.

Blanche était restée seule avec le dramaturge. Elle pouvait discerner chaque repli de ses chairs, gonflées par la vieillesse, presque gélatineuses.

Quand le domestique reviendrait, il l'enverrait chercher le commissaire.

En temps de guerre, propager de fausses nouvelles était passible de trahison. Blanche risquait plusieurs années de prison.

Elle avait tout de suite deviné qu'il ne la dénoncerait pas. Elle lui avait offert un regard apeuré, un tremblement des épaules.

Une moue de satisfaction était apparue sur les lèvres du dramaturge. Il avait continué son discours un moment.

Ou alors...

« Laissez-moi,... Monsieur ! »

Dreyfus approuva d'un mouvement de lorgnon.

La pièce à la lumière poudroyante ressemblait à la salle d'un musée. Aux murs étaient accrochées, dans des cadres dorés, des coupures de journaux, des critiques louangeuses. Elles dataient d'une quinzaine d'années. Un billet aux bords jaunis du directeur du Théâtre-Français qualifiait Dreyfus d'espoir montant de la scène.

« À partir d'aujourd'hui, il n'y a plus rien de commun entre vous et moi ! »

Le dramaturge écarta Blanche, prit la pose. Il renforça son intonation sarcastique d'un mouvement du bras, comme s'il rajustait une étole. Blanche réprima un sourire.

Ou alors, avait-il repris avec une inflexion presque badine. Il était toujours à la recherche d'une comédienne pour un rôle... Marthe ne l'avait donc pas obtenu ! L'idée traversa l'esprit de Blanche. Il s'était lancé dans une diatribe contre les actrices expérimentées. Il souhaitait quelqu'un de jeune, de malléable. Le cœur de Blanche avait battu si fort. Le rôle principal. Mais pas sur une scène parisienne. Plus tard sans aucun doute, si les choses tournaient comme il l'espérait. Au front !

Il avait dû le répéter plusieurs fois pour que Blanche comprenne. Le directeur de la Comédie-Française pensait qu'il fallait remonter le moral des soldats par des spectacles de qualité. Une troupe d'acteurs partirait le mois prochain pour les Vosges. La première étape d'un long périple.

Il s'était soudain assis, l'avait fixée silencieux.

Un mois pour être prêt ne serait pas de trop, avait-il lâché. Elle s'était jetée à son cou. Il avait reculé d'un bond, rajusté ses cheveux en désordre. Ce ne serait pas facile. La femme que devait interpréter Blanche était de la bonne société. Il avait appuyé sur les derniers mots.

Il s'était mis à faire les cent pas. Quelques obstacles restaient cependant à surmonter.

Il lui fallait d'abord convaincre sa cousine de renoncer à toute poursuite, ce qui, il s'était frotté l'arête du nez avant de remettre son lorgnon, n'était pas gagné.

L'expression radieuse de Blanche avait aussitôt laissé place à une modestie pleine de repentir.

Restait un point. Le plus délicat. Il s'était penché jusqu'à presque toucher son visage. Il ne pouvait se permettre d'emmener au front un membre d'une organisation crapuleuse. Il avait ajouté que l'armée ferait sa petite enquête.

Vous allez me jurer que vous ne reverrez plus jamais ceux qui ont monté cette escroquerie.

Elle y avait consenti.

Aucun contact non plus ! Pas même une lettre ! Rien !

Elle s'était affaissée dans le fauteuil à mesure qu'il ajoutait une nouvelle interdiction. Victor lui était apparu, allongé au-dessus d'elle. Fais-moi confiance, tout ira bien, ma petite pomme. Puis le visage de Catherine riant de ses moustaches blanches dessinées par le lait de la ferme. Leur image s'était effacée. Blanche avait cherché à retenir des bribes, l'odeur de plâtre humide qui suintait des murs le matin, la vue des toits de zinc depuis la fenêtre. Tout s'évanouissait, la valise de Victor sous le lit, le miroir près de la porte et le rituel du coup d'œil avant de sortir. Elle devait se mettre sur la pointe des pieds pour échapper à l'éclat de tain qui lui dessinait une marque sur la joue. Une dernière fois, avait-elle pensé, comme on s'enivre du parfum d'un bouquet. Un adieu de quai de gare.

Il est bien entendu que cela prend effet immédiatement!

Il connaissait du monde, des amis dans la police... Il baissa la voix.

Il bluffait. Elle n'avait pas cherché à deviner jusqu'où. Il lui avait indiqué le nom d'un hôtel, glissé quelques billets pour qu'elle y loue une chambre. Répétition chez moi tous les matins à neuf heures sauf le samedi. Il lui avait tendu sa carte.

« Alors vous croyez que cette vie va durer? »

Reprenez!

Dreyfus la modelait. Un enchaînement de gestes, de tonalités à retenir qui épuisait Blanche. L'art de la comédienne est un trompe-l'œil. Les spectateurs doivent voir cette femme.

Il traquait tout relent de ce qu'il appelait la vulgarité, un regard ou un sourire aguicheur, une intonation qui trahissait le faubourg. Blanche apprenait à se défaire des effets trop faciles, des mimiques destinées aux spectateurs. Jusqu'alors, elle avait suivi de vagues indications du régisseur, parfois du directeur de l'Ambigu. Au boulevard, on jouait avec le public, au Français, on l'ignorait.

Le premier jour avait été terrible. Elle avait pensé mettre de son côté tous ces soldats privés d'amour et revêtu un négligé qui laissait entrevoir ses formes féminines. Dreyfus était devenu rouge de colère. L'art, mademoiselle Beaulieu, n'est pas le lupanar! Il s'était égosillé. Faites des clichés de nu si telle est votre ambition mais ne montez pas sur scène. Il lui avait ordonné de se rhabiller. Nous devons rappeler à nos poilus non pas la tiédeur du lit, mais la chaleur du foyer.

Échaudée par cette erreur, elle encaissait sans sourciller. Elle ne laisserait pas passer sa chance.

La formation ne s'arrêtait pas même durant les repas. Dreyfus avait entrepris de réformer aussi ses manières.

Elle mangeait avec trop d'entrain. Il mimait la bonne cadence. Le plaisir vient des invités, de leurs conversations. Quand vous serez une vedette, vous pourrez vous permettre quelque excentricité, d'autant plus bienvenue qu'elle sera alors le témoignage de votre talent. D'ici là, il vous faut être discrète, modeste — modeste comme une modiste, plaisantait-il.

Mais son sujet préféré était le grand monde.

Il l'abordait à l'apéritif. Chaque jour, à midi et quart, le domestique entrait, une bouteille de porto sur un plateau. Le dramaturge interrompait aussitôt la répétition. Il s'asseyait dans le fauteuil, sirotait son verre. Blanche buvait à petites gorgées, comme une médecine que Dreyfus la forçait à prendre. Elle ne parvenait pas à se débarrasser du goût jusqu'au soir.

Le porto faisait remonter les souvenirs du dramaturge. Il commençait par louer les exploits de son neveu au front dans l'Aisne. Sa photo trônait au mur, parmi les coupures de journaux. Tous les hommes restés à l'arrière avaient un jeune parent héroïque. Cette envolée patriotique n'était qu'un préambule. Il énumérait ensuite, avec une gourmandise de vieillard, les salons mondains où il avait été invité. Les Clarac-Duvivier, les Aubernon, le marquis de Massa...

Il vouait une admiration particulière à Mme Dieulafoy. Elle avait aménagé un petit théâtre de velours bleu, encadré de masques japonais, dans son hôtel, rue de Chardin. Les dimanches après-midi d'hiver, elle y donnait une représentation, des pièces courtes, du Dumas fils, du Coppée, du Daudet. Dreyfus s'attendrissait. J'aurais voulu que vous la vissiez dans votre rôle.

Dans les milieux aristocratiques, on appréciait son théâtre, il se plaisait à le rappeler. Son esprit de bon goût qui se refusait à toute situation inconvenante comme son absence de digression sur la situation politique ou sociale valaient à ces pièces légères d'entrer chez les bonnes familles. Il s'était même fait une spécialité de ce genre. Il appelait cela la comédie de société.

Il suffisait de l'écouter égrener ses succès pour comprendre qu'une vingtaine d'années plus tôt il était la coqueluche du grand monde.

À dix-huit heures trente précises, une clochette tintait à l'autre bout de l'appartement, où s'était réfugiée Mme Dreyfus. Il donnait à Blanche quelques consignes pour le lendemain, avant de la congédier.

Elle gagnait son hôtel trois rues plus loin, consacrait sa soirée à apprendre la scène suivante. Le dramaturge, féru de science, lui avait indiqué une méthode. Elle devait s'allonger, prête à se coucher. Une fois qu'elle savait par cœur son texte, elle le récitait, en ne quittant pas des yeux l'ampoule du plafonnier. La lumière électrique permet de fixer les mots, assurait-il. La dernière phrase prononcée, Blanche éteignait. Le passage immédiat à l'obscurité évitait toute interférence. À son réveil il lui suffisait de se remettre la scène en bouche pour qu'elle lui revienne sans hésitation.

Ce n'était qu'une fois les yeux fermés, la couverture remontée jusqu'au-dessus des épaules, quand elle se laissait gagner par les premiers assauts de l'assoupissement, que Victor lui apparaissait. Elle lui parlait de la pièce, de son personnage. Il la coupait, gouailleur. Si j'étais à la place du mari, je la dérouillerais sa petite femme, et tu verrais comme on se réconcilierait sur l'oreiller !

Elle se demandait s'il était triste de sa disparition. Parfois, il lui revenait dans son sommeil, un cauchemar qui la réveillait. Il la cherchait dans les rues de Paris, son couteau à la main. Elle courait, se cachait dans le retrait des portes cochères. Il n'y avait rien à faire. Il gagnait du terrain, sa moustache au vent, comme une menace, l'œil des mauvais jours. Les répétitions, tout le travail si astreignant avec Dreyfus n'étanchaient pas complètement sa mémoire. Elle était certaine que si elle pensait à Victor, les souvenirs s'enrouleraient à elle, comme des tentacules, la ramèneraient à lui. Elle n'avait pas eu le temps de lui dire adieu.

Blanche passa les deux premières semaines dans une hébétude presque complète. Dreyfus régissait son existence avec fermeté, sans répit, tous les jours de la semaine et même le week-end, sauf le samedi où elle avait congé. Il lui ordonnait de rester à son hôtel et de revoir seule ce qu'ils avaient travaillé. Le dimanche matin commençait par son audition.

Son dos, ses jambes avaient de la courbature, son cou une raideur lancinante. Elle sentait chaque leçon de l'étiquette s'inscrire dans sa chair. Peu à peu, ses muscles s'assouplirent. Sa voix se plaça avec plus de naturel. Elle en vint à écouter avec envie Dreyfus parler du grand monde, à lui pardonner ses accès d'amertume, mieux, à les partager comme si elle aussi en était la victime.

La pièce n'était plus qu'un exercice pratique, un moment de détente dans cet intense apprentissage. Elle prêtait moins attention à son jeu qu'à effacer toute trace de son passé. Blanche traquait l'accent de Belleville, désapprenait les gestes désordonnés, les élans spontanés.

Le soir, avec la fatigue, le fantôme de Victor apparaissait encore, moins souvent que les premiers jours. Elle prenait plaisir à faire durer son évocation. Elle était certaine que les bonnes manières enseignées par Dreyfus constituaient désormais une barrière efficace. Elle lui racontait, avec la tendresse des voyageurs qui rentrent chez eux, ses journées de répétition, des histoires qu'il ne pouvait comprendre ni croire.

Lorsqu'il n'eut plus qu'à amender certaines intonations, rectifier un geste, Dreyfus lui annonça qu'il allait lui présenter son « mari ».

Pour jouer ce personnage, il fallait à la fois de la retenue, après tout l'époux était quelqu'un du monde, et en même temps susciter l'hilarité.

Blanche aperçut par l'entrebâillement de la porte du salon un jeune homme, élancé, la chevelure d'un blond doux. Sa pose, le bras appuyé contre le rebord en marbre de la cheminée, la tête penchée qui laissait voir un profil aquilin, trahissait son souci de séduire même lorsque personne ne l'observait.

Dreyfus l'appela. Le visiteur se redressa en un mouvement gracieux. Son visage imberbe ressemblait à un croquis au fusain. Il se présenta, Léon Mauléon, mais appelez-moi Léon.

Son talent tenait dans sa physionomie enjôleuse. Dreyfus le reprenait à chaque réplique, mimait la réaction désirée. Mettez-y du sentiment ! L'autre esquissait un sourire navré qui provoquait l'irritation grandissante du dramaturge.

La journée s'acheva dans une ambiance hostile. Dreyfus fulminait. Le jeune premier défigurait sa pièce, gâchait ses effets.

Il les congédia sans ménagement.

Une fois dans la rue, Léon laissa éclater son amertume.

Blanche le réconforta. Elle aussi avait souffert au début. Il hocha la tête comme un enfant studieux. Elle s'anima, c'est exactement comme ça qu'il vous faut jouer. Il s'étonna. Quoi ? Elle l'imita, voilà ce que veut Dreyfus, quand l'épouse houspille son mari ! Vous serez un très bon époux, lui assura-t-elle.

Un éclat charmeur passa dans les yeux de Léon.

Vous voilà prête ! déclara Dreyfus un midi à l'apéritif, presque attendri.

Il lui avoua ses doutes au début. Il ne pensait pas qu'il ferait aussi vite, aussi bien avec elle. Elle ne broncha pas. Il la félicita de son flegme, ajouta qu'elle était une élève digne de ses leçons. Il l'invita à finir son porto, la resservit. Il avait une nouvelle à lui annoncer. Blanche sentait l'alcool douceâtre se déposer aux coins de ses lèvres, envahir son palais.

Béatrix Dussane, qui prenait part à la tournée au front, devait passer cet après-midi pour régler certains détails du voyage. Il lui présenterait Blanche.

Votre baptême du feu !

Il décrivit la comédienne. Une fille dans son genre. Elle aussi venait d'un milieu modeste. Elle avait suivi les cours du conservatoire d'art dramatique, obtenu le premier prix de comédie classique. Engagée à quinze ans comme apprentie à la Comédie-Française. Pas jolie mais travailleuse. Une comédienne de tête. Plus important encore, une mère supérieure de l'étiquette ! Elle était reçue dans tous les salons, y donnait des représentations privées.

Si elle vous adoube, nous voilà lancés !

Il voulut fêter ça. Blanche refusa en vain un nouveau verre. Elle s'abandonna à la griserie écœurante, se demanda pourquoi les hommes se servaient toujours d'elle.

Elle écoutait Dreyfus de loin en loin. Victor pensait-il encore à elle ? Elle renversa son verre. Une erreur à ne pas faire en présence de la Dussane, plaisanta Dreyfus. Blanche se tamponna les lèvres avec sa serviette. Elle était une autre désormais. Elle fixa les ampoules du lustre comme si elle cherchait à le mémoriser. Elle était une autre. La phrase traversait son esprit sans s'imprimer.

Dussane arriva avec plus d'une heure de retard, s'excusa à peine. Avec la guerre on ne trouve plus un taxi, grinça-t-elle.

La vedette portait un chemisier et une jupe longue, noirs. Un chignon haut en torsade la faisait paraître plus grande. Tout en elle indiquait une honnête modestie. En y prêtant plus attention, Blanche remarqua le luxe des épingles qui tenaient ses cheveux. Des broches sur sa poitrine contribuaient par leur éclat à rehausser l'apparente simplicité de sa tenue.

Dussane n'avait pas enlevé son manteau.

Les deux femmes, feignant de s'ignorer, se dévisagèrent. Blanche comprit ce que Dreyfus trouvait de désagréable dans sa figure. Deux personnes luttaient en elle. Un nez rond comme ses pommettes joufflues en faisaient un personnage de comédie, une soubrette accorte. Un front large, un regard gourmé trahissaient un autre personnage, calculateur, sans bienveillance. Les deux ne s'accordaient qu'autour de ses lèvres fines qui tantôt décochaient un sourire malicieux, tantôt se pinçaient en un reproche. Le vieillissement effacerait les rondeurs. Bientôt, il ne resterait plus qu'une sécheresse des traits.

La bouche de Dussane se contracta, comme si elle avait deviné la prédiction. Le corps de Blanche débordait trop de santé pour ne pas provoquer son antipathie instinctive.

Elle interrogea Dreyfus sur la carrière de sa protégée. L'Ambigu ? Elle laissa échapper un bref soupir.

Elle indiqua à Blanche, comme à une domestique, qu'elle devait faire parvenir au plus vite au ministère de la Guerre ses papiers pour son laissez-passer. En sortant, elle marmonna, suffisamment fort pour qu'ils l'entendent, l'Ambigu...

Sans un mot, Dreyfus se servit un porto, l'avala d'un trait.

Pourquoi les comédiennes de la troupe n'avaient-elles pas voulu jouer sa pièce ? risqua Blanche. Il se troubla, parut ne pas comprendre. Le programme de la tournée prévoyait différentes œuvres en un acte. Les actrices s'étaient distribué tous les rôles, sauf sa Félicie.

Il lui fit signe de partir. Elle sortit, l'entendit crier qu'ils ne se verraient pas le lendemain, c'était samedi.

Dans les rues baignées par la lumière falote des réverbères, se croisaient ceux qui se rendaient quelque part, ceux qui vagabondaient. Blanche n'avait pas envie de rentrer à son hôtel.

Depuis le début des répétitions, les directives vétilleuses du dramaturge, son obsession d'en faire quelqu'un d'autre avaient guidé ses journées. Elle s'était persuadée que son opiniâtreté à persévérer avait façonné une nouvelle Blanche.

Dussane lui avait soudain rappelé d'où elle venait.

Les sacrifices consentis n'avaient rien effacé. Elle en sentait seulement le poids. Une lassitude nauséeuse l'envahit, amplifiée par les relents du porto.

Le trottoir semblait s'entrouvrir sous ses pas. Elle connaissait par cœur cette sensation. Elle se promettait, s'imposait par avance une discipline, des résolutions. Cette discipline, ces résolutions n'étaient que des aveux de faiblesse. Elle ne s'efforçait d'y croire que pour donner à leur renoncement un prix, un air de trahison.

Elle voulait juste souffler un peu, fuir la lumière, avec le sentiment à la fois honteux et réconfortant de la défaite.

Alors elle comprit où ses pas la menaient. Vers le cabaret où se produisait Victor.

Une affiche aux couleurs passées annonçait « le numéro exceptionnel du sar Rotvic, venu tout droit de l'Inde des maharadjahs ». Une femme sciée en deux, une autre chargée de lourdes chaînes étaient dessinées autour du visage d'un mage en turban, des yeux aux pupilles dilatées, soulignés par deux traits noirs comme des flèches menaçantes.

Elle s'assit au fond de la salle, près d'un pilier. Plongée dans l'obscurité, elle s'abandonna au plaisir d'observer Victor, sans être vue.

Sur la scène, une nouvelle assistante lui passait ses accessoires. Grande, mince, elle avait de faux airs de Catherine.

Au premier rang, un groupe de bourgeoises applaudissait bruyamment. Victor en sélectionna plusieurs pour ses tours. Elle pouvait deviner à l'avance les compliments qu'il leur servait, sa façon de laisser traîner sa voix comme une caresse, de mouvoir ses longs faux ongles.

L'attendrissement mélancolique céda la place à la tristesse. Victor était promis aux combines de plus en plus sordides, aux défaites sans gloire. Sa gueule d'ange se creuserait. Il deviendrait un de ces hommes au visage terreux, dont on perdrait jusqu'au souvenir de leur charme.

Qu'est-ce qu'elle avait espéré ? Lui envoyer en pensée un peu de sa nouvelle vie ? Elle aurait voulu lui dire la magie des départs sans valise, la force du large, la lumière. Elle se moqua de sa naïveté.

Elle quitta le cabaret. Heureusement Dreyfus n'en saurait rien.

Il y avait dans leur relation une absence d'ambiguïté qui la déroutait. Dreyfus la regardait comme une matière à façonner. Aucun homme ne l'avait traitée ainsi, sans tendresse ni rudoiement. Elle ne pouvait pourtant pas croire qu'il n'ait jamais remarqué ses formes, que sa voix, son sourire n'aient jamais agi sur lui.

Elle haussa les épaules. Elle allait jouer, même si c'était dans un théâtre improvisé, sans doute un hangar, ou sous une halle, même si c'était devant des trouffions qui n'auraient d'yeux que pour son cul. Si elle se débrouillait bien, elle remonterait bientôt sur de vraies planches à Paris...

Elle se réjouit de l'obscurité des rues qui effaçait ses traces. La plupart des becs de gaz, des lampadaires électriques étaient éteints. Les quelques-uns allumés avaient été munis d'abat-jour recouverts d'une pellicule bleue. Aucune lumière ne devait être visible depuis le ciel, pour éviter les bombes allemandes.

Ses talons tintinnabulaient sur le macadam, l'image de Victor s'effaçait au rythme de ses pas vifs. Et avec elle, celles de Catherine et Madeleine. Elle avait failli tout gâcher avec ce désir puéril d'un au revoir.

Elle se sentait libre.

Dans une dizaine de jours, un train l'emmènerait loin d'ici.

Elle reconnut la façade de son hôtel. Elle se glisserait bientôt sous les draps. Les muscles de ses jambes se relâcheraient au contact de l'édredon de plume. Elle se livrerait tout entière à l'alanguissement, étonnée, comme chaque fois, de découvrir une telle infinité de sensations agréables surgir des replis de sa chair. La chaleur de son corps réchaufferait progressivement le lit.

Il y avait bien longtemps qu'elle ne s'était pas offerte à un de ces petits plaisirs.

Je t'ai manqué, ma petite pomme ?

Elle ouvrit les yeux.

La première chose qu'elle vit, ce furent ses robes, accrochées à la patère de la porte. Elles semblaient monter la garde pour l'empêcher de partir. Puis les tasses sales sur la table, la fissure le long de la fenêtre. L'odeur âcre de plâtre humide emplit ses narines.

Une douleur à l'épaule. Victor l'avait mordue jusqu'au sang, mon cul mon œil, t'as cru que tu pouvais me quitter comme ça...

Il dormait à côté, son bras posé sur elle.

Comment Victor l'avait-il repérée au fond de la salle ? Il avait eu un rire mauvais, fait ondoyer ses doigts, comme s'il avait senti sa présence parmi les spectateurs.

Plus encore que la défaite, elle appréhendait l'instant où elle y trouverait quelque compensation.

Elle se glissa hors du lit.

C'est le caissier qui t'a reconnue, lâcha Victor, il est venu me prévenir à l'entracte.

Elle s'habilla, lui raconta sa rencontre avec Dreyfus. Elle espérait trouver les mots qui le convaincraient de la laisser partir. Il ricanait.

Elle estima ses chances. Dreyfus ne savait encore rien. Il suffisait qu'elle rentre à l'hôtel.

Victor se leva, l'examina, sans tendresse. Elle ne se souvenait pas qu'il avait les yeux verts. Il l'enlaça.

Ton type là, ton Dreyfus...

Blanche se débattit. Ils roulèrent sur le lit.

On va le cambrioler!

Elle l'insulta. Il éclata de rire. On va se faire un beau paquet de fraîche! La lueur espiègle disparut. Il lui donna deux gifles. Une pour avoir disparu, l'autre pour marcher droit.

Et ne t'avise pas de le prévenir, la menaça-t-il.

Il raconterait aux cognes que l'idée venait d'elle. Le caissier du cabaret pourrait témoigner, elle était venue le chercher.

Une larme se perdit dans les cheveux de Blanche. Il remonta sa robe jusqu'en haut de ses cuisses, sa main fureta entre ses jambes, comme un voleur qu'il était en toutes circonstances.

T'avais pas vraiment l'intention de me quitter, ma petite pomme?

Son visage avait repris son empreinte juvénile, ses yeux à nouveau gris.

«À partir d'aujourd'hui, il n'y a plus rien de commun entre vous et moi!» Elle se força à réciter son texte, dans sa tête. L'art seul compte, lui serinait Dreyfus.

Victor la mordit à nouveau, la caressa — le sentiment selon les apaches. Son visage se contracta au rythme du va-et-vient, le regard vide, extatique. Un combat. Avec lui c'était toujours ça. Autrefois, elle croyait en cette lutte, peau contre peau, chairs mêlées. Un homme ça encaisse, ça distribue. Elle repoussa tout affaiblissement, la mélancolie qui naît du plaisir. « Non, Monsieur ! non ! retournez auprès de vos maîtresses ! »

Un homme, ça prend, ça s'attendrit. Elle guetta le moment où Victor s'allongerait à ses côtés. Ses mains légères dessineraient quelques arabesques sur sa poitrine. Un homme. Une femme, ça pleure, ça jouit. Il la ballottait comme si elle était dans un train, qui l'emmenait loin d'ici.

Il ne lui dirait plus ce qu'elle devait faire. Même sa queue ne pourrait plus l'atteindre. Il n'y aurait plus de valise sous son lit. « Eh bien, allez !... Battez-moi ! Mais battez-moi donc ! Qu'est-ce qui vous en empêche ? Vous êtes le plus fort... » Blanche ne voulait plus rien d'autre qu'être une comédienne.

Le papier peint avait l'air défraîchi des souvenirs qui remontent malgré soi.

Victor ne lui faisait plus peur.

Il était dangereux. Il ne l'avait même jamais été autant. Pourtant, il ne lui faisait plus peur. Il n'avait aucune chance. Comme disait Catherine, le hasard est un truc de riches.

Il fit voler son couteau à travers la pièce, qui se planta, un bruit sec, dans le battant de l'armoire.

Tu m'appartiens ! Ne t'avise pas de l'oublier ! hurla-t-il avant de sortir.

Elle était si seule que c'en était douloureux. Un sifflement continuel bourdonnait dans ses oreilles.

Elle caressa l'étoffe des robes qui pendaient à la patère. Chacune lui rappelait un rôle — les comédiennes devaient fournir leurs costumes. Elle en plaqua une contre elle, s'examina dans le miroir. Elle l'avait portée dans *Une dangereuse proposition*. Elle jouait une femme qui, pour sauver sa famille de la ruine, forçait sa cadette à épouser un homme d'affaires véreux. Son regard s'arrêta sur les petites reprises faites par Catherine pour que Blanche puisse la porter en ville. La dentelle ajoutée autour du col soulignait la grâce de sa nuque et lui donnait un visage enfantin.

Elle en prit une autre. Catherine avait décousu le bouton sur le devant en velours noir, trop bourgeois, pour mettre une pression — plus engageant pour les hommes, avait-elle blagué.

Elle la jeta à côté de l'autre. De rage, elle les décrocha toutes, se laissa tomber sur le sol.

Pour un peu, elle se serait mise à prier. Afin de conjurer la prophétie de sa mère. Et la saloperie des hommes.

Elle cessa de résister, accueillit le souvenir d'Armand comme une punition méritée.

Il fixait la lettre sur le chaton de la chevalière. Un petit sourire creusait une fossette enfantine au coin de sa bouche. A comme anarchie. Tous les deux savaient mais elle ne voulait pas lui avouer le véritable mot auquel elle avait songé. Il s'était fait tatouer au-dessus du cœur « Personne ». Chaque fois qu'elle se blottissait contre lui, elle caressait sa peau comme si elle espérait effacer le tatouage.

Ses pommettes saillantes le dotaient de la douceur austère des prophètes, un vrai Jésus de médailles pieuses qui faisait chavirer les filles du quartier.

Sa gueule d'ange avait le goût du premier chagrin dont la morsure ne s'efface jamais.

Blanche ne s'épargna aucun détail.

Elle vivait avec Armand depuis deux mois. Il partait tôt le matin, il était en cheville d'après ce qu'il disait avec un ferrailleur de la place des Fêtes. Blanche travaillait pour un marchand ambulant, qui faisait les marchés autour de République. L'après-midi, elle était libre. Profitant des premiers jours du printemps, elle s'était promenée un moment avant de remonter la rue de Ménilmontant d'un pas rapide. Elle avait souri en discernant deux cents mètres plus haut, sur le trottoir, une jeune femme, joyeuse, qui descendait au bras d'un type. Elle avait souri aussi de la ressemblance de ce type avec son homme, le même feutre, ramené sur le front, le même chandail noir qui bombait le torse.

À l'horizon, se dessinaient les immeubles au carrefour avec la rue des Pyrénées. Elle y retrouverait sans doute Armand assis à une terrasse de café. Elle s'était réjouie en l'imaginant. Il l'attraperait par la taille, la ferait asseoir sur ses genoux. Les camarades attablés la dévisageraient. Elle passerait son bras autour du cou de son homme, tout en soutenant leurs regards envieux. Pauvre gourde, s'injuria Blanche.

Les rayons du soleil enjambaient les toits des maisons, venaient lécher le trottoir d'en face. Elle avait marché dans la lumière.

Soudain, Blanche avait aperçu la main de l'homme qui tenait enlacée la jeune femme au loin. Son corps s'était vidé de toute vie, ou plutôt son sang, ses muscles, sa chair, ses pensées s'étaient pétrifiés. Une éternité. Jusqu'à ce que son esprit parvienne à admettre ce qu'elle voyait. Elle avait reconnu la chevalière, un A gravé sur le chaton. A pour Armand.

Elle n'était jamais retournée dans leur garni.

Trois coups brefs à la porte chassèrent le sortilège. Madeleine avait attendu le départ de Victor. Elle entra, buta contre l'amas de robes sur le parquet.

Elle avança les mains pour enlacer Blanche, resta plantée au milieu de la pièce.

Au début on a cru que tu t'étais fait pincer...

Le chef de la bande qui possédait des contacts à la préfecture les avait détrompés. Victor avait passé ses nerfs sur Catherine. Une correction sévère. Elle était restée une semaine au lit.

Madeleine parlait sans s'arrêter, de peur de se laisser submerger par l'émotion.

Victor avait fini par se convaincre que tu avais eu un grave accident. Elle s'était renseignée discrètement auprès des hôpitaux. J'ai encore pas mal de connaissances parmi les médecins..., avoua-t-elle. Elle s'arrêta au seuil de la confidence, lança un bref coup d'œil à son amie.

Blanche, le dos tourné, se tenait près de la fenêtre. Les toits en zinc ondulaient sous la lumière du soleil de février. Elle devinait au-delà le sillon des rues, quelque part dans cette ville, sa chambre d'hôtel, un peu plus loin l'appartement de Dreyfus, rive inaccessible. Ce que le hasard donne, le destin le reprend. C'était la morale des pièces de boulevard. Elle eut envie de pleurer.

Je n'ai rien dit à Victor, reprit Madeleine. Tant qu'il te croyait à l'hosto, il ne risquait pas de te retrouver.

Madeleine aurait voulu réconforter son amie. Mais elle savait la réputation que lui faisait Victor.

Une femme qui s'habille en homme, c'est qu'elle refuse le sucre d'orge. Catherine affirmait l'avoir aperçue plusieurs fois dans l'arrière-salle de la Brasserie liégeoise, sur les grands boulevards, le rendez-vous des invertis de Paris. Les femmes dansaient, buvaient entre elles, s'embrassaient, se frottaient pendant que de l'autre côté les hommes se livraient aux mêmes jeux. Ils s'ignoraient, sauf en cas de descente de police. Chacun se précipitait alors sur une personne de l'autre sexe pour former un couple présentable. Catherine y allait, amenée par une cliente qui payait bien.

Madeleine ne couchait pas, ni avec les unes ni avec les autres. Les putes ne jugent pas. Du moment qu'on leur offre à boire et un petit supplément, elles font semblant d'écouter.

Peut-être se serait-elle risquée à l'expliquer à Blanche. L'excentricité n'était que d'apparence. Elle refusait son corps de femme. Les hommes l'avaient bien compris. Les filles se comportaient comme ces Indiens qui vendaient leur âme aux Blancs pour quelques colifichets.

Elle émit un petit gloussement rigolard.

Catherine, elle, pensait qu'en sortant de chez la mère du soldat disparu, tu avais rencontré un homme plein aux as. Le genre vieux beau, cheveux blancs et costume élégant. Il t'avait emmenée à New York. Les Américains adorent les Françaises, elle disait, à cause de leur accent quand elles parlent anglais. Elle assurait même qu'elle irait bientôt t'y rejoindre. Selon elle, là-bas on peut se faire une vraie fortune, pas comme ici où il manque toujours dix centimes pour faire un franc.

Et toi, qu'est-ce que tu croyais ?

À nouveau la gêne s'installa entre les deux femmes.

Pourquoi es-tu revenue? lui reprocha Madeleine.

Lorsqu'elle était en colère contre Blanche, son ton se faisait presque dur. Ta vie ne vaut pas la douleur de la mère qui t'a enfantée! Sa franchise abrupte mais sans malignité lui rappelait la femme du café de Montparnasse.

Blanche passa son bras autour des épaules de Madeleine, décrivit sa vie depuis sa rencontre avec Dreyfus.

Il y avait quelque chose d'improbable dans l'amitié de ces deux femmes. Blanche ne comprenait pas les emportements de Madeleine, son refus des petits plaisirs, sa haine des femmes. L'autre se désolait des faiblesses de sa voisine, de sa liaison avec Victor.

Elle examinait la garde-robe de Blanche avec la même surprise qu'un homme, désarçonnée par les fanfreluches, les bijoux fantaisie qui encombraient l'armoire et les boîtes, par la façon que la comédienne avait de marier une étole avec une robe, de porter des boucles différentes à chaque oreille. Madeleine suivait, avec curiosité, le spectacle de sa voisine à sa toilette. Elle poussait des soupirs, s'emportait contre sa frivolité, mais contre toute attente, continuait à lui prodiguer son affection.

Blanche n'avait pas tardé à percevoir la même coquetterie dans le soin que Madeleine mettait à s'habiller. Au fond toi et moi on est pareilles, lui avait-elle dit, on a le même goût pour les détails. Madeleine avait rougi si fort, Blanche avait craint de l'avoir choquée. Elle était la première personne qui faisait attention à elle.

C'était comme ça depuis leur première rencontre. Blanche rentrait de l'Ambigu. Elle riait fort dans le couloir menant aux chambres de bonne. L'excitation de monter sur scène ne redescendait qu'avec lenteur. Madeleine était sortie sur le palier. Excusez-moi monsieur. Blanche s'était aperçue de sa bévue, l'avait invitée à venir boire un thé. Dès cet instant Madeleine lui avait voué une amitié sans faille.

De son côté, Blanche appréciait la force de caractère de sa voisine. Quoi qu'il se passe dans son existence, il lui suffisait de discuter cinq minutes avec elle pour que tout s'apaise.

T'as qu'à faire durer les préparatifs du cambriolage jusqu'à ton départ, réfléchit Madeleine. Une fois partie, il ne pourra plus rien contre toi. Le point délicat, c'est Dreyfus. Il faut le laisser dans l'ignorance de Victor et de son plan.

Elle soupesa les difficultés. Plus question de revoir Victor. Blanche lui dirait qu'il ne fallait prendre aucun risque. Pas de rendez-vous à l'hôtel. Ni ici. Catherine servirait d'intermédiaire. On la mettrait dans la combine.

Reste à la convaincre de trahir Victor, ajouta-t-elle.

La disparition de Blanche avait réveillé chez Catherine l'espoir de le reconquérir. La correction sévère qu'il lui avait infligée n'avait pas refroidi son désir. Une fois rétablie, elle s'était occupée de lui, de son linge, de ses repas. Peut-être plus, c'est ce qu'elle laissait entendre.

Blanche lui ferait miroiter qu'elle ne désirait qu'une chose, partir à nouveau, définitivement cette fois-ci.

Le plan comportait bien des risques, des incertitudes. Les affranchis comme Victor et Catherine agissaient autant par impulsion que par intérêt. La clé résidait dans le secret de l'entente entre les trois femmes.

Il a déjà dû prévenir Catherine, se lamenta Blanche.

Madeleine hocha la tête. Leur voisine avait à nouveau disparu depuis hier. Dans ces cas-là, même Victor ignorait où elle allait.

Elle se mit à arpenter la pièce. Je crois savoir où elle est... Elle poussa un long soupir. Il lui arrivait de fréquenter le même lieu. Ses mains se tortillaient, comme si leur masse charnue s'efforçait de disparaître.

Blanche esquissa un sourire. Son amie crut qu'elle songeait à l'arrière-salle de la Brasserie liégeoise.

Tu n'y es pas du tout, se fâcha-t-elle. Personne ne pouvait comprendre. Personne, non, personne qui n'a jamais vécu de telles humiliations.

Ses cheveux en désordre, la roseur de ses joues donnaient une tendresse inattendue à son visage. Ne restait qu'une grâce lasse, adolescente, la mémoire des avanies subies.

Elle lui confessa ses haut-le-cœur au moment de sortir dans la rue, ses ruses, le chapeau melon ramené vers l'avant, le pas rapide du côté ombré des trottoirs en rasant les murs. Le courage est un effort de quelques secondes, son existence baignait dans la peur.

Elle trouvait là-bas un peu d'oubli. Les visages étaient sans soupçon. Elles s'étaient croisées un jour. Catherine avait le regard épeuré, Madeleine l'air placide des chevaux de ferme. Elles ne s'étaient pas parlé, juste un léger sourire qui valait promesse de silence.

Madeleine écrivit l'adresse. Elle lui étreignit la main comme si elles ne devaient plus se revoir.

Une femme sans âge entrebâilla la porte, écouta poliment la visiteuse. Elle ne connaissait aucune Catherine. Même si cette personne était là, elle ne pouvait la déranger. Blanche supplia, une question de vie ou de mort. L'autre disparut. Suivit un bref conciliabule. Elle revint, la fit entrer.

Le vestibule était petit, sombre. Un rideau barrait le mur de gauche. La femme le tira, laissant apparaître une porte.

Des suspensions aux motifs japonais baignaient la pièce d'une demi-lueur apaisante. Blanche discernait une dizaine de personnes allongées sur des lits de camp, dans un silence absolu.

La femme désigna un matelas près du piano.

Catherine, les yeux rivés au plafond, ne parut pas même surprise de voir Blanche.

Il me l'a promis, murmura-t-elle. Tu peux rien contre ça !

Elle s'agita, chercha quelque chose du regard. Elle se rassura en apercevant la pipe posée à côté du lit. Elle tira de longues bouffées. Il régularisera… Une bonne fin… Elle rit en exhalant avec lenteur la fumée. Et un enfant… On en aura un… Peut-être même deux…

Elle leva soudain la main, comme si elle caressait quelqu'un.

Ce vent me rend folle… Tu le sais… quand il s'engouffre sous les lauzes, on dirait qu'il pleure… Il ne s'arrête jamais…

Blanche la tira par la manche. Écoute-moi. Catherine poursuivait son rêve, son cauchemar. C'est mama qui pleure ! gémit-elle, c'est mama qui pleure ! Chaque fois que le vent du nord soufflait, le père, il disait que c'était toi dans le Ciel, qui pleurais parce que j'étais pas une gentille fille… Elle retrouvait son accent du causse, la voix presque chantante. *Lo vent, freg !* Catherine plaqua ses mains contre ses oreilles. Toute la nuit, je l'ai entendu, ce foutu vent...

Blanche lui caressa le front. Elle la serra contre sa poitrine, attendit qu'elle se calme.

Sur les murs tapissés de tissu japonais, des grues aux ailes blanches volaient au milieu de plantes. Les feuilles pointues comme des lances se répétaient de haut en bas. Le décor rappelait le déguisement de Victor, la même pacotille, juste un peu plus soignée, qui suintait l'estampage.

Les fumeurs se tenaient presque paisibles. Leur corps abandonné comme un vieux vêtement sur ces lits de passage semblait vide de toute présence. Blanche essaya d'imaginer Madeleine allongée là, le sifflement de sa respiration, ses traits mangés par l'hébétude. Elle refoula l'image. Elle avait trop vu le regard de son père rendu hagard par l'alcool, ses gestes de tendresse flaccide, pour se livrer à l'opium.

Les hommes et leurs petites queues, ils vous la fourrent partout..., pardon mama, oui... Catherine acquiesçait, gamine coupable. Des gouttes de sueur coulaient le long de ses joues. Je baise comme un homme, ni cri ni même un son. Elle chercha la pipe d'opium. La glissa entre ses lèvres. Blanche le lui promit, elle n'était pas revenue pour lui prendre Victor, au contraire, elle l'aiderait. Catherine parut entendre, esquissa un sourire. Depuis ta mort, le père, il avait des idées étranges. Il disait que je te ressemblais, mama, ton portrait craché. Elle tendit les mains au-dessus d'elle. Blanche la berça à nouveau, lui écarta les cheveux des yeux. Ça n'a plus d'importance. Il sera tout à toi. Catherine se détendit. Qu'est-ce que tu fuis en venant ici ? Blanche chercha à découvrir sur les plis de son visage quelque indice.

Deux surjets, quatre brides... Catherine se redressa, cria presque. Pas comme ça qu'on amasse son trousseau... Elle retomba sur le matelas, la tête sur l'oreiller. Qui veut des billets, des beaux billets de cent francs, des napoléons tout brillants doit chevaucher les queues de ces messieurs. Elle murmura, le compte à rebours... J'aurai ce qui faut. Une mercerie... Avec des tiroirs, des dizaines de tiroirs de boutons, de fil, de rubans, plus que tu n'en as jamais vu... Elle fredonna... Deux ourlets, une boutonnière...

Sur le piano, trônait un grand coffret en laque couvert de rinceaux feuillagés et dorés, fermé par une serrure à secret. Il contenait l'opium, les ustensiles des fumeurs. Blanche se recroquevilla contre ses genoux. Elle avait l'impression que même les tapis crasseux au sol la menaçaient. Le père, il disait comme ça que si je donnais rendez-vous aux garçons dans la bergerie, j'avais qu'à prendre ta place. Ton portrait craché... Elle sanglota. Hildépute !... Blanche aperçut un papier roulé en boule près du lit de camp. Elle s'en saisit, le défroissa. C'était une lettre. Écrite par le frère de Catherine. Hildépute ! Elle se débattait face à un ennemi imaginaire. Sa voix était dure. Il m'a entraînée vers sa chambre. Il a rien vu venir ! Trop occupé à enlever son... Elle rit. Je l'ai poussé de toutes mes forces ! Il est tombé sur le carrelage ! Son frère donnait des nouvelles de la ferme. Une chute de pierres avait emporté une brebis. Sa femme Mélina devait s'occuper seule du troupeau. Le père n'était plus bon à grand-chose depuis que Catherine était partie. Ce putain de vent, toute la nuit, je l'ai entendu... Elle s'arrêta. Heureusement je connaissais chaque pierre du causse.

Tout en bas de la lettre, une phrase avait été ajoutée, sans doute au moment de fermer l'enveloppe. Le père est mort la semaine dernière. Hildépute ! Je connaissais la moindre vallée... Il disait qu'une fille doit... Il... Elle fondit en larmes.

Blanche remonta la couverture sur les épaules de Catherine. Les cheveux en bataille, le maquillage défait, elle ressemblait à l'enfant sauvage qu'elle avait dû être.

Papa, murmura-t-elle.

Il y avait quelque chose de désespérant dans la placidité des rues de Paris, aux premières heures du matin.

Victor se montrait plus impatient chaque jour. Blanche se levait bien avant l'aube. Elle redoutait de ne pouvoir différer le cambriolage jusqu'à son départ.

Après la répétition, Catherine la retrouvait dans un café en face de l'hôtel. Elle lui transmettait les instructions de Victor, taisait le mot tendre, grivois qu'il ajoutait à l'intention de Blanche. Lorsqu'à son retour il la questionnait, elle lui lâchait d'un ton indifférent, elle n'a rien répondu. Il entaillait le rebord de la table avec son surin.

Les nuages à la langueur grise défilaient, interminablement, au-dessus des immeubles.

Blanche observait de sa fenêtre les livreurs et leurs carrioles, leurs mouvements alentis. La ville semblait tourner et retourner dans les draps de la nuit.

Elle se réveillait persuadée que Dreyfus se doutait de quelque chose. Elle repassait les événements de la journée, pour y déceler un changement d'humeur, une remarque, un sous-entendu qui aurait pu constituer un indice. La préparation de la tournée occupait toutes ses pensées. Elle se rassurait.

Le départ était prévu dans une semaine. Une éternité. Un cheval avançait dans la rue, tirant une charrette de charbon. Il avait la lenteur des jours d'hiver.

Elle sortit de sa chambre, descendit l'escalier. Elle jeta un bref coup d'œil en arrivant dans le hall. Elle avait le pressentiment qu'un matin, un commissaire l'y attendrait, pour l'arrêter. Dreyfus l'avait prévenue. Aucun contact. De quelque façon qu'elle retournât la situation, elle avait trahi sa confiance. Elle avait songé plusieurs fois tout lui avouer. Mais le connaissant, elle ne pouvait prendre le risque qu'il la chasse par peur du scandale.

Le soleil de février découpait avec netteté les façades d'immeubles sur le trottoir d'en face, des taches de couleurs pâles. Blanche parcourait les rues tête baissée.

Chaque jour lui apportait son lot de frissons. Deux soirs plus tôt, Dreyfus était descendu avec elle. S'il avait décidé de l'accompagner jusqu'à son hôtel? Au carrefour, il l'avait saluée. Une course à faire. De soulagement, elle l'avait embrassé sur la joue.

Elle vit au loin un homme sortir du renfoncement d'une porte cochère. Elle sursauta. Elle souffla en reconnaissant Léon. Il faut que je vous parle. Sans attendre, il lui déclama un quatrain de sa composition. Elle éclata de rire. Léon, vous êtes aussi mauvais mari qu'amant. Son sourire infatué se changea en une grimace déconfite.

Les traits d'Armand effumèrent ceux de Léon. Il avait l'élégance canaille des jeunes de Ménilmontant, Léon, les traits plus féminins.

Il se planta devant elle. Je ne vous plais pas… ? Elle le traita d'enfant. Tous les deux avaient trop la tête sur les épaules pour commettre une telle bêtise. Blanche s'étonna elle-même. Elle parlait comme l'épouse de la pièce de Dreyfus.

Le dramaturge l'examina avec une attention plus soutenue que d'habitude.

Savait-il ? Blanche esquissa un maigre sourire.

Il y avait quelque chose de changé en elle. Un voile de tristesse, il précisa, qui lui donnait un air plus profond.

Il n'insista pas. Le temps pressait. Ses cheveux étaient un peu en désordre. Ma chère Blanche… Il s'empara de la bouteille de porto. Buvons, buvons ! Elle s'exécuta. Une chose importante… Il éclata d'un rire bruyant. Il n'avait pas même pris le temps de boutonner complètement son veston.

Monsieur l'administrateur de la Comédie-Française…

Même dans l'excitation, Dreyfus gardait le sens de l'étiquette. Il essuya son lorgnon, l'accrocha sur son nez, l'ôta. L'administrateur lui avait fait porter un pli ce matin, avec le programme officiel de la tournée aux armées. D'un geste de magicien, il sortit la lettre de sa poche. Un autre porto ! ordonna-t-il. Blanche se sentait gagnée par son euphorie. Sous le patronage de M. Albert Dalimier, sous-secrétaire d'État des Beaux-Arts, et de M. Joseph Joffre, général commandant en chef, commença-t-il d'un ton extatique. Il lui lut les différentes pièces en un acte, les chansons, les poèmes qui avaient été retenus. Nous sommes juste après l'entracte ! Il réfléchit. Une très bonne place. Le public ne retient que trois moments, le lever de rideau, la reprise après l'entracte et la dernière scène !

Blanche, plongée dans une hébétude un peu nuageuse, applaudit. Il se planta devant la photographie de son neveu. Il s'adressa au portrait. Nous allons regonfler le moral des troupes. Elle ne put réprimer un petit rire. Il ne s'en fâcha pas. Attendez le plus beau !

Il égrena les artistes qui participaient à la tournée. Quand il arriva à Béatrix Dussane, il fit une moue désabusée. Celle-là on la connaît déjà. Il prit une inspiration. Mlle Cécile Sorel ! L'incomparable Célimène dans *Le Misanthrope* ! La plus grande comédienne française aujourd'hui ! Enfin juste après une autre grande dame, Mme Sarah Bernhardt ! Et devinez quoi... ? Il cria presque. Son lorgnon sauta en tous sens. Elle sera aussi de la tournée !

Les yeux de Blanche s'écarquillèrent.

Il la tira de son fauteuil, l'entraîna dans quelques pas de danse.

Et avec elle, la débutante prometteuse, la vedette montante du théâtre de boulevard, la pensionnaire de l'Ambigu, Mlle Blanche Beaulieu !

Elle rit, vacilla sous l'effet de l'alcool, de la nouvelle.

Il lui expliqua les soirs de première, quand le Tout-Paris se pressait dans la salle, l'attente des critiques le lendemain. Mais là, c'était encore mieux. Les journalistes loueront le programme. Une œuvre patriotique ! Ce sera votre lancement, votre croix de guerre.

Blanche sirotait son porto. Elle n'en finissait plus de s'enfoncer dans les coussins du fauteuil, le monde était rond, chaud, caressant, elle était enfin ce poisson dont le courant de la rivière caressait le corps, elle flottait.

Dreyfus lui prit les mains. Ses traits avaient la saveur acidulée de l'alcool. J'ai une révélation à vous faire... Le col amidonné de sa chemise baillait, comme s'il avait fait la java toute la nuit. Léon s'était plaint d'elle. Elle ouvrit de grands yeux. Oui, plaint. Selon lui, il était très difficile de jouer avec Blanche. Elle ne laissait jamais le même temps pour placer sa pantomime. Dreyfus lui adressa un sourire malicieux.

Il n'a pas réussi à vous... ?

Elle hocha la tête. Il s'esclaffa de plus belle, lui donna une grande tape sur le genou, se figea, surpris lui-même par sa propre audace.

C'était un peu un *test*, il prit un accent anglais, comme disent nos amis outre-Manche... Je voulais voir... Il cherchait ses mots. Si je m'offrais au premier bellâtre venu... Il applaudit des deux mains. Une tournée ça peut être long et rien de pire que les affaires de cœur entre comédiens pour tout fiche par terre... Elle fronça les sourcils. Simple précaution, assura-t-il. Vous vous en êtes parfaitement sortie. L'art doit tuer tout sentiment, elle marmonna. Il lui avoua qu'il lui avait asséné cette formule pour qu'elle se concentre sur son rôle.

L'alcool le rendait loquace. C'est ce que disent les grandes actrices comme Sarah Bernhardt ou Cécile Sorel. L'art avant tout ! Il n'avait pas cette prétention-là. Il écrivait des petites pièces en un acte, des piécettes, ironisa-t-il. Dans ma famille, ils sont tous dans les affaires. Ils travaillent chaque jour que Dieu fait, rentrent chez eux, retrouvent leur femme, s'assoient dans leur fauteuil, lisent le journal, fument un cigare en sirotant un alcool, dorment la conscience sans souci. J'ai dû garder ça de mon éducation.

Sa petite bedaine lui donnait l'allure d'un bon vieillard, rien à voir avec les auteurs qu'elle interprétait à l'Ambigu. Ils avaient tous l'air pressé des gens qui écrivent pour combler leurs dettes, lutinent les comédiennes dans les coulisses, crient fort et boivent dans tous les verres.

Il avait voulu faire carrière, disait-il. Et gagné sa vie en signant des chroniques dans les journaux, sur les à-côtés d'une saison théâtrale, les travers de ses contemporains, jamais méchantes, de petites perfidies qui pouvaient se pardonner, juste ce qu'il fallait de spirituel pour alimenter les conversations mondaines. Il signait sous des pseudonymes qui trahissaient la nature de ses pensées, « Nimporteki », « Chose et Machin ». Rien qui puisse effrayer. « Dupont des arts. » Il n'aspirait qu'à provoquer un bref plissement amusé sur les lèvres de ses frères, les hommes d'affaires, une ou deux secondes de légèreté, une gorgée de vin, la bouffée d'un havane... Il ne regrettait rien, il n'était fier de rien. Il écrivait des comédies de société pour les salons de l'aristocratie.

Dans les colonnes de *L'Aurore*, le grand Émile Zola avait raillé cette forme de théâtre. Dreyfus avait engagé le fer avec lui. Il était devenu le champion des familles du beau monde. L'auteur de *Germinal* n'avait pas daigné lui répondre...

Jusqu'à ce qu'éclate l'Affaire...

Elle leva les sourcils.

L'affaire Dreyfus, tonna-t-il.

Votre frère... ? Un parent... ?

Dreyfus est un patronyme répandu chez les Juifs, expliqua-t-il en rajustant son lorgnon pour mieux observer l'effet de ses mots sur Blanche. Elle attendit la suite. Il esquissa un sourire timide.

Je suis juif.

Elle ne broncha pas.

Ému, il l'appela son innocente. Dans le milieu littéraire, cela n'avait, je le croyais, pas grande importance, poursuivit-il. Quand l'Affaire a éclaté, qu'on s'est mis à nous voir comme des ennemis de la patrie, certains journaux auxquels je collaborais m'ont congédié. D'autres m'ont incité à prendre un pseudonyme, comme certains de mes coreligionnaires. Faites-vous catholique, me suggéraient des amis proches, écrivez une tribune pour dire que vous vomissez ce traître...

Elle comprit qu'il avait refusé.

C'étaient mes ancêtres, mes parents... marmonna-t-il. Un de mes frères a renié son nom. Un autre a mis un protestant à la tête de ses affaires. Tous m'ont fermé leur porte...

Il énuméra les salons. La blessure le poussait à n'en oublier aucun.

Un seul m'a tendu la main !

Il se redressa. Émile Zola lui avait écrit une lettre amicale.

Il se leva, ouvrit les rideaux du salon. Un jour laiteux entra avec paresse dans la pièce.

Il attrapa la bouteille de porto. La défense de la patrie a tout effacé. Il n'y a plus de juifs ni de catholiques. Rien que des patriotes français !

Blanche parut ne pas comprendre.

Ma pénitence est terminée. Après cette tournée, je vais retrouver ma place... Et vous savez quoi ? Je leur dirai merci, merci de m'accueillir dans vos hôtels, merci de voir vos enfants réciter les tirades que j'ai écrites pour leur éducation. Il appartient aux Juifs de faire tourner le monde des goys, ironisa-t-il.

Était-ce pour ça que les comédiennes de la tournée avaient refusé de jouer sa pièce ?

Quand elles verront que les portes des salons me sont à nouveau ouvertes, elles viendront me demander de leur écrire un rôle.

Le timbre de la sonnette les interrompit. Ils entendirent le bruit d'une discussion animée. Dans le vestibule, une femme parlait haut. Le domestique ne comprenait rien à ses explications. Monsieur, c'est cette dame qui prétend… Toutes ces fleurs, on les avait commandées à sa patronne, fleuriste de la rue de Sèvres. Elle montrait l'adresse, le nom de l'acheteur. Elle criait, Qui va me payer ? Elle avait posé sa composition de roses rouges sur le fauteuil. Dreyfus essaya de se faire entendre. Elle est raide celle-là ! Je me suis tapé le trajet pour rien. Elle reprit sa marchandise, maudissant sa patronne, Dreyfus et le domestique.

La porte se referma sur Catherine.

Quelques minutes plus tard, Blanche la rejoignit au coin de la rue.

Qu'est-ce que t'en dis ? Moi aussi je pourrais brûler les planches… ?

Blanche lui reprocha les risques pris. Ça ne pouvait pas attendre ?

Victor a changé d'avis.

Le visage de Catherine affichait les premiers signes de lassitude que toutes deux redoutaient. Le pli entre ses sourcils était comme un sinistre présage. Blanche connaissait ça. Au début il était là lorsqu'elle souriait, s'étonnait, puis il ne s'effaçait plus que par intermittence, avant de se creuser, d'autres plis surgissaient à leur tour.

Ça traînait trop à son goût. Hier matin, il s'était énervé. Catherine ôta son écharpe, laissa voir le sommet de ses épaules, violacées. Il voulait savoir à quel jeu on jouait.

Catherine n'avait pas eu besoin de passer aux aveux. T'avais parlé d'aucune salle de théâtre, alors il s'est dit que ça devait être en province, ou un truc dans le genre. Il a percuté comme un obus...

Il est devenu fou ! murmura-t-elle.

Il en avait marre que tous le prennent pour un petit arsouille. Blanche, Catherine, et plus encore le chef de leur bande. Il plaquait tout. Il avait agité un pistolet sous le nez de Catherine. S'il faut grabuger, ils trouveront à qui parler.

Bref le coup est pour demain. Et après on met les voiles tous les trois...

Une pluie froide se mit à tomber, un de ces crachins de février qui pénètrent jusqu'à l'intérieur des os.

Catherine s'emporta. C'est ta faute ! Si t'étais pas revenue...

Elle lâcha son panier. Les roses roulèrent sur le trottoir.

Calme-toi, ordonna Blanche.

Catherine éclata en sanglots. Elle s'était démenée pour lui obtenir son exemption, pour qu'il ne parte pas au front se faire trouer la peau, il n'avait rien de plus pressé que de la risquer bêtement. Le chef aurait vite fait de le retrouver.

L'humidité faisait luire les façades, mangeait l'éclat rouge des pétales des roses. Une odeur âcre montait des trottoirs, des passants pressés que ni leur chapeau ni leur parapluie ne protégeaient.

Ville ingrate, l'hiver te vidait de tes entrailles comme un poisson. Malheur aux naïfs, promis des déceptions, l'heure approchait. Et rien dans cet asphalte gris, rien dans ces pierres sales, ces stucs piquetés, ces devantures désertées n'offrait le moindre abri.

Il reculera pas.

Victor était comme un orage sur le causse. Catherine s'y soumettait, avec un brin d'admiration craintive. Il était à elle. Les deux femmes le savaient. De toute sa haine, Catherine fixa Blanche.

Madeleine disait qu'il fallait prévenir les flics. Catherine en avait discuté avec elle avant de venir. Et envoyer Victor en taule ? Mieux vaut la prison que la morgue, avait répondu Madeleine.

Dans sa tête, Blanche entendait le roulement monotone d'un wagon secoué par les rails. Elle allait jouer avec Sarah Bernhardt, offrir sa revanche à Dreyfus. Elle aperçut dans une devanture son reflet. Le jeu des ombres renforcé par la lumière du réverbère au-dessus d'elle soulignait ses cernes. Un bref instant elle voulut se retrouver dans la cour de la ferme, rue des Serres. Elle se serait réchauffé les mains contre le verre de lait tout juste sorti du pis de la vache. Elle aurait bu une petite gorgée. Catherine à ses côtés ferait de même, comme autrefois. Elle ferma les yeux, décida que plus rien de tout cela n'existait.

Elle partit sans se retourner.

Catherine écrasait les roses, une à une, d'un geste rageur de sa chaussure. « Un peu, beaucoup... » chantonna-t-elle. Elle se mit soudain à courir. Elle allait sauver son homme.

Les pétales couvraient le trottoir, en un lavis au rouge sombre.

Blanche entra dans le cabaret.

C'est fini, elle le lui dirait sans baisser les yeux ni craindre sa colère. Il refuserait d'y croire, s'emporterait.

Sans doute essaierait-il de la prendre sur le sol de la loge, ou contre la porte des coulisses. Il pleurerait peut-être.

C'est fini, se répéta-t-elle.

Le charme de Victor lui paraissait aussi ridicule que le portrait dessiné sur l'affiche de la boîte de nuit.

Elle s'assit au premier rang.

Son maquillage de fakir figeait ses traits sous une couche imposante de fond de teint. Seules ses pupilles furetaient parmi les rangées de spectateurs. Lorsqu'elles aperçurent Blanche, elles se rétrécirent jusqu'à n'être plus que deux points à l'éclat glacial.

Elle ne sursauta même pas quand il la fit monter sur scène pour le numéro de la femme sciée en deux.

Comme notre premier rendez-vous, lui glissa-t-il, l'aidant à se glisser dans la boîte.

Elle ne laissa paraître aucune réaction. Il se troubla. Il dut s'y reprendre à deux fois pour fermer le grand cadenas sur le devant de la caisse.

Il avait viré sa dernière assistante. Sa scie était restée en coulisse. Il improvisa. Il demanda le silence, sortit côté cour.

Un petit homme l'y attendait. Penché au-dessus du coffre où il rangeait ses accessoires, Victor semblait l'écouter d'une oreille distraite. Il se redressa, la scie à la main, désigna Blanche, dont seule la tête dépassait de la boîte. Le type l'observa, acquiesça d'un hochement. Il retint Victor un instant, lui indiqua la présence d'un autre homme, le même air débonnaire sous son chapeau melon, côté jardin.

Les épaules de Victor s'affaissèrent.

Il réapparut sur scène. Les applaudissements fusèrent. Il s'avança vers Blanche. Il ne lui avait jamais paru aussi calme. Il vérifia que le cadenas était solidement fermé. Il scruta la salle, repéra deux autres gars de chaque côté des travées.

Pourquoi tu m'as fait ça, ma petite pomme? murmura-t-il. Elle se raidit, agita la tête. Il lui caressa la joue. Allons mademoiselle, ce n'est qu'oune mauvais moment à passer! clama-t-il en plongeant la scie dans la fente. Des rires éclatèrent dans la salle.

Ses gestes souples le faisaient ressembler à un grand fauve — il ne la quittait pas des yeux.

Me balancer aux flics... Il avait parlé si bas, ses lèvres cachées par sa barbiche. Tout va bien mademoiselle? Il répéta sa question. Je ne vous entends pas. Plus fort! Il accéléra le découpage. Ses muscles puissants soulevaient sa tunique. Plus fort! Son accent hindou avait disparu. Les spectateurs se figèrent, pressentant quelque chose d'inhabituel. Hein...? Ma petite pomme...? Il lâcha soudain la scie. Pourquoi tu leur as dit que mon exemption était un faux? Leurs visages se touchaient presque. Son regard était celui d'un enfant apeuré. Ses mains se posèrent sur le cou de Blanche. Elles se mirent à serrer. Tu sais ce que ça veut dire...? Pour eux je suis un déserteur...

Les larmes embuèrent les yeux de Blanche.

Les faux ongles lui déchiraient la peau, comprimaient ses chairs. Les contours de Victor se brouillèrent, comme les cris dans la salle. Elle discerna deux ombres qui se précipitaient sur le fakir. La brûlure envahit ses membres. Sa tête éclatait. Ses idées s'effaçaient comme les décors emportés dans les cintres. Les deux ombres s'accrochaient aux bras de Victor, flottaient secouées par sa force, impuissantes à enrayer la pression autour de son cou.

Son corps ne se résignait pas. Des spasmes violents fouaillèrent ses jambes.

Sa mère la tenait par la main. Elles avançaient avec lenteur, jusqu'à l'église Jourdain. Le souvenir se fit plus précis. Elle s'y accrocha, avec l'espoir de bercer sa douleur. Sa mère arborait une dignité de martyre. On aurait dit une litho publiée en dernière page du supplément illustré du *Petit Journal*, avec son titre en lettres majuscules, « UN DRAME DE L'ALCOOLISME ».

Douze balles dans la peau ! C'est ça que tu veux, ma petite pomme ?

Ses muscles se raidirent. Elle sentit, devina plutôt, ses lèvres étaient devenues insensibles, un filet de salive, de sang glissait le long de sa joue, elle croyait en suivre le parcours, une pointe humide, glacée.

Les doigts de la mère enserraient la paume de Blanche, sans jamais la lâcher. Je peux marcher seule. Sa mère serrait plus fort. Cette main tout en nerf, sans âme, écrasait celle de sa fille. La marque de son étreinte s'imprimait. La chair blanchissait.

La douleur insupportable asphyxiait chaque repli de son corps.

Blanche croyait alors qu'elle était là pour la mortification du père. Elle n'avait compris que plus tard. C'était elle que sa mère exhibait. Sa fille, comme une discipline, l'aveu devant tout le quartier qu'elle avait couché avec cet ivrogne. Le compte à rebours la dévorait. Elle se désolait de voir Blanche grandir, pauvre promise aux désirs des hommes.

Un silence de plus en plus épais, maternel et étouffant, l'entoura. Les bruits s'éloignèrent, se vidèrent, les formes aussi.

L'air lui manqua.

Sa mère s'était mise à pleurer en silence, en découvrant le drap, pour la première fois, taché de sang.

Une fille perdue.

II

Ils furent conduits aux douches dès leur arrivée à la caserne d'Épinal. Un sergent leur gueula de se récurer comme pour un mariage.

Le filet froid ruisselait sur le visage d'Antoine, coulait le long de ses épaules, se perdait dans les plis de son entrejambe. L'eau s'échappait par la rigole, emportant avec elle la pellicule crasseuse des combats. Il avait beau frotter, il conservait cette odeur de charogne qui empuantissait les premières lignes.

À l'intendance ils touchèrent un uniforme neuf. Un colonel flanqué du capitaine Delambre les passa en revue dans la cour. Il demanda qui savait conduire. Antoine, Paul et plusieurs gars de la section s'avancèrent. Trois voitures étaient garées près de l'intendance. Chacun dut faire le tour de la cour.

Antoine se laissa guider par ses mains. Elles enclenchèrent la vitesse avant, tandis que son pied droit appuyait sur l'accélérateur. Il longea les bâtiments, slaloma entre la rangée d'arbres. Il entendit le capitaine aboyer. Rivière ! Épargnez-nous vos acrobaties. Il tourna un peu rapidement. La silhouette de l'officier grossit jusqu'à envahir l'horizon du pare-brise. Antoine pila. Delambre se jeta sur le côté, sous les rires des soldats.

Il voulait le mettre aux arrêts. Son supérieur, un petit sourire aux lèvres, l'en empêcha. Il loua la maestria d'Antoine. Mon colonel... insista Delambre. L'autre se contenta d'exclure Antoine des trois chauffeurs retenus, donna quartier libre jusqu'au soir.

Paul et Antoine se retrouvaient ensemble en ville pour la première fois. Des camarades leur proposèrent de les suivre au bordel. Une lampe vénitienne peinte en rose pendait au-dessus de la porte. La file de soldats, presque toute la section, débordait sur le trottoir, en un joyeux chahut, continuait jusque dans la rue du faubourg d'Ambrail.

Bedel était loin devant eux dans la queue. Eh sergent, laissez-en pour les copains ! Il agita sa grosse main de bougnat. Je les rendrai plus ardentes...

Là-haut au front, allongés sur leurs paillasses, les maris se vantaient de ce qu'ils mettraient à leurs épouses le premier soir de leur permission. Ils étaient des hommes, clamaient-ils. Des rivières de foutre, ils prédisaient. Certains dévoilaient l'intimité de leur moitié. Celle du sergent Bedel avait un grain de beauté en haut de la cuisse. La compagne du soldat Revers poussait des vocalises au rythme des va-et-vient. La chambrée se paluchait sous les couvertures en pensant à l'entrejambe de la Bedel, aux trilles de la Revers. Bientôt, cette salacité entêtante ne suscitait plus qu'une vague de tendresse violente. Les caresses des femmes leur manquaient. Ils rêvaient qu'elles les prennent dans leurs bras, les bercent comme faisaient les mères.

La file avançait lentement.

Tu crois qu'on aura envie de se revoir après... ? lui demanda Paul.

Après quoi... ?

Après la guerre.

Antoine se tut. Il ne voulait pas l'imaginer. La peur de s'attirer la poisse.

Le passage de la rue au hall étroit du bobinard éclairé par une lumière terne, consolante, agissait sur l'assurance des soldats. Leurs fanfaronnades cessaient. Ils ôtaient leur casquette, se présentaient intimidés devant la maquerelle. Elle leur tendait un papier où étaient rappelés quelques conseils d'hygiène. Envoie la monnaie. L'homme lui jetait sa pièce de cinq francs, retrouvait son effronterie. Je veux une blonde, une ronde, une aux gros seins. Elle lui lançait une œillade. Tu seras pas déçu !

Sous le comptoir, une rangée d'ampoules rouges surmontées d'un numéro clignotait. Dès que l'une d'elles s'éteignait, la maquerelle annonçait la chambre qui venait de se libérer.

Un soldat attrapa un paquet de tracts sanitaires, les brandit au-dessus de lui. Les gars, cette pute a déjà sorti les imprimés pour les Boches ! Tout doux mon beau. C'est pas de l'allemand. C'est de l'anglais ! La vieille désigna le couloir sur le côté. Des Britanniques attendaient leur tour. Le rez-de-chaussée leur était réservé. Une fille, les traits las, à moitié nue, ouvrit sa porte, s'adressa au premier du rang avec un mauvais accent. « *Dou you wante cuepofti ?* » L'autre éclata de rire. *Damn fucking whore!* Il lui claqua les fesses.

Je veux une de celles-là! J'ai jamais baisé d'Anglaise! lança le soldat près du comptoir.

Tais-toi donc couillon, le railla la maquerelle. Elle est pas plus anglaise que toi... Je lui ai payé des cours d'anglais. Faut savoir s'adapter si on veut prospérer...

La 9 et la 13 se libérèrent en même temps. Paul tira Antoine par la manche. Ils grimpèrent l'escalier d'un pas rapide. Trente-deux marches, compta Antoine dans sa tête.

Il entra dans la chambre. Les volets fermés plongeaient la pièce dans une demi-obscurité.

Mets-toi à l'aise chéri, lui cria une voix depuis le cabinet de toilette.

Il se déshabilla, entassa ses affaires sur la chaise. Un vieux papier peint aux motifs géométriques couvrait les murs.

Tu veux être gentil mon chou? Commande-nous du vin.

Sur la table, il vit deux verres et une bouteille.

Deux francs cinquante! T'as qu'à déposer la monnaie à côté. Je te fais confiance.

Il se servit, l'observa. Elle était de dos, assise sur un bidet. Ses fesses débordaient des rebords en faïence. Les cheveux ramenés au-dessus de la nuque, les épaules, les bras fins, elle avait quelque chose de gracieux. Il but d'une traite, se resservit.

La fille apparut, un sourire aguicheur aux lèvres. La lumière du cabinet dessinait sa silhouette. Elle n'avait gardé sur elle qu'un caleçon de flanelle, il lui descendait en bas des cuisses. Ses seins étaient petits, en pointe. J'te plais? Il n'aurait su dire son âge.

Ils s'allongèrent. Elle se mit à le caresser. J'ai les mains froides ? Elle plaisanta, Nous aussi on est des soldats ! Des soldats du plaisir ! Trois semaines au front ! Elle était drôle, le ton gouailleur. Il lui retira son caleçon, posa sa main sur sa jambe. Sa peau était chaude. Quinze jours à Paris. On tiendrait pas sinon. Vous êtes trop nombreux, mes chéris.

Il ne pouvait détourner les yeux des cuisses de la prostituée. Il la voyait parcourue par des dizaines de mains, des mains de camarades, des mains de copains repartis au front. Un grand froid rayonnait de sa queue, remontait le long de son dos. Qu'est-ce qu'il y a mon chou ? Il attrapa la bouteille, but à même le goulot.

Il s'obligea à faire défiler les visages des clientes les plus attirantes qu'il avait transportées dans son taxi. Avant, avant la guerre, il bandait rien que de regarder dans son rétroviseur une passagère particulièrement jolie. Certaines prenaient plaisir à l'allumer. Les dernières heures de la nuit plongeaient les poules dans des accès de mélancolie. Antoine en avait ramené plus d'une chez lui. Parfois même elles ne pouvaient attendre. Ils baisaient à l'arrière de la voiture.

Elle s'allongea, le fit basculer sur elle. Elle lui offrit sa bouche. J'en ai réveillé des plus assoupis que toi ! La langue d'Antoine se bousculait parmi les milliers d'autres qui avaient emprunté le même chemin. Elle lui caressa le dos, glissa jusqu'à ses couilles, lui susurra. Prends-moi ! Ils étaient des milliers à l'écouter. Je suis toute à toi ! Des milliers de trouffions comme lui, affalés sur elle. Je suis toute à vous. Impossible de se défaire des autres.

Les mains d'Antoine tremblèrent au contact de ses seins. Elle gémit aussitôt. Oui, comme ça ! Elle était rose, encore fraîche. Aucune de ces milliers d'étreintes n'avait imprimé sur elle la moindre marque. Des visages et encore des visages. Il se concentrait, ne voulait pas perdre pied. Fais-moi grimper au rideau ! Son parfum bon marché luttait avec celui de la charogne qui entêtait les narines d'Antoine.

Un Anglais juste en dessous beuglait des insultes. Sa partenaire en plein orgasme hurlait « *Yes I woud laïke e cuepofti !* » Des portes claquaient, un descendait, un montait. Les gars de la section terminaient leurs petites affaires sans traîner. Ils faisaient tout rapidement. Ils prenaient à peine le temps d'exhaler la fumée avant de tirer à nouveau sur leur cigarette, se dépêchaient de manger, de rire. Prendre son temps était un luxe d'embusqué.

Antoine voulait. Désirer cette pute. La chevaucher comme autrefois, décharger. Merde ! Je suis un homme ! Le sexe de cette fille un peu trop poilu était encore humide de sa toilette. Des queues, des milliers de queues avaient traversé sa forêt, prouvé en un ultime raidissement qu'elles étaient vivantes. Foutre, foutre, foutre ! Des copains, des camarades, morts depuis.

Antoine scruta la courbe de ses seins, de son ventre. Au loin sa jambe repliée, son genou formait comme le sommet d'une montagne.

Le Vieil-Armand, les Français l'appelaient, et les Allemands, l'Hartmannswillerkopf.

La sueur trempa le creux de son dos. Il fit un effort désespéré pour s'accrocher au sourire imperturbable de la prostituée.

Deux mille camarades du 152e étaient montés à l'assaut du Vieil-Armand. Le lendemain les Allemands avaient lancé une contre-attaque, repris les positions perdues sur l'Hartmannswillerkopf. Sept soldats du 152e étaient redescendus.

Allez mon chou ! Tu y es presque !

Il secoua la tête pour chasser ses visions. Ses lèvres descendirent le long de la nuque de la fille. Elles s'arrêtèrent sur ses seins. Sa langue dessina des courbes sur son ventre. Sous ses caresses, la fille trémulait.

Il sentit soudain l'os de sa hanche sous la peau, se raidit, un amoncellement de milliers de squelettes, délestés de leur chair, comme des huîtres gobées, des coquilles, des monceaux de coquilles.

Le lendemain de la contre-offensive allemande, un orage diluvien avait éclaté. L'Hartmannswillerkopf, le Vieil-Armand, prenait sa revanche. Une boue froide s'était mise à dégoutter des roches, à dégorger du sol. Elle avait fait ressurgir douilles, éclats d'obus, fusils brisés, toute cette ferraille enfouie. Elle avait rejeté aussi les os, la merde, les entrailles des cadavres. La terre dégueulait ces hommes qui mouraient pour elle. L'odeur de ces corps putrescents avait rendu malade la section d'Antoine.

Il se recroquevilla, tremblant, à l'autre bout du lit. Il compta les motifs géométriques du papier peint. T'en as trop vu, c'est ça ? La voix de la fille était soudain douce, plus caressante encore que sa main.

Le gel était survenu tout aussi brusquement, deux jours plus tard. Il n'avait plus été possible de creuser le moindre trou. La montagne aux deux noms les avait vaincus. Antoine et les autres s'y étaient terrés, dans la crainte des beaux jours qui feraient remonter la bourbe et avec elle les reliques des morts de l'hiver précédent.

Il se mit à pleurer. Elle le serra dans ses bras, le berça.

Des rumeurs couraient dans les tranchées. Chaque patronne de bordel cachait une pute atteinte de syphilis. Il suffit de payer un supplément pour qu'elle te poivre. Quinze jours, trois semaines plus tard, on t'envoie à l'arrière te faire soigner. C'était toujours mieux que de mourir au front.

Va falloir y aller mon chou, sinon la tôlière va m'attraper...

Elle fila au cabinet de toilette. Il l'aperçut en train de se recoiffer.

Je ne sais pas si...

Il s'arrêta, incapable de continuer. Avec son baptême du feu, la première chose qui était morte, c'était sa queue. Elle ne nous sert plus qu'à pisser, avait rigolé Paul.

Antoine fixait son sexe, rabougri entre ses jambes. Un bout de charogne.

... si je banderai à nouveau un jour...

Le train partait à huit heures.

La nuit enveloppait les rues d'un froid pur comme la lame d'un couteau.

Blanche n'avait jamais marché dans Paris à cette heure si matinale. Le silence inhabituel donnait une impression d'irréalité. Elle accéléra l'allure, comme lorsqu'elle était partie de chez ses parents. Elle avait descendu l'escalier sur la pointe des pieds, ses chaussures à la main. Dehors, elle n'avait pas même pris le temps de se chausser, s'était foulé la cheville sur le pavé. Elle aurait marché sur des clous pour rejoindre Armand.

Madeleine portait sa valise. Elle avait insisté pour l'accompagner. On aurait dit un couple qui déménageait à la cloche de bois.

Elles traversèrent la Seine par l'île de la Cité, remontèrent le boulevard de Sébastopol. Alors seulement, elles s'autorisèrent à ralentir.

Victor était en prison au fort de Vincennes. Tant que Blanche ne serait pas dans le train, elles redoutaient une possible vengeance.

Il va passer en cour martiale. Blanche essaya de l'imaginer dans son cachot. Rien dans les traits de l'homme qui lui apparurent ne lui rappelait Victor. Il n'était plus qu'un personnage aux contours flous. Mêmes ses mains, elle n'arrivait plus à en faire ressurgir la finesse, la blancheur.

L'air glacial du début mars se faufilait à travers les plis de son manteau. Elle porta sa main à son cou. Une écharpe noire dissimulait les traces des doigts de Victor.

Madeleine avait bu toute la soirée, comme pour s'étourdir. Blanche n'avait pas posé de questions. Un coup de fil anonyme, c'était tout ce qu'elle savait.

Madeleine lui avait trouvé une paire d'escarpins noirs quasi neufs. Blanche préférait souffrir plutôt que de renoncer à ces chaussures qui découvraient la courbe fine de ses pieds. Elle s'était habillée comme pour une soirée. Un chemisier, trop léger pour la saison, une jupe qui s'arrêtait aux chevilles, c'était la mode depuis le début de la guerre, soulignaient ses formes avec grâce. Elle se sentait dans la peau d'une poule arpentant le pavé.

Des gamins soufflaient sous le poids des paquets de journaux qu'ils livraient. Des femmes, en uniforme de fonctionnaire, la casquette sur la tête, prenaient leur service. Elles toisaient le manteau de Blanche qui s'arrêtait sous le genou, son chapeau. Ses bords étaient rabattus par une étole qui lui protégeait les oreilles, les joues.

Catherine avait disparu depuis l'arrestation de Victor. Toute cette ancienne existence, Blanche la sentait s'éloigner à mesure qu'elles approchaient de la gare.

Elles continuèrent sur le boulevard de Strasbourg. La façade massive de la gare de l'Est se rapprocha.

Elles longèrent les grilles, s'arrêtèrent face à la grande pendule surmontée des deux statues représentant la Seine et le Rhin. Les aiguilles indiquaient sept heures quinze. Blanche rajusta le col de son manteau, tira sur sa robe. Une douleur au talon lui indiqua la naissance d'une ampoule.

Comment je suis ?

Elle redoutait les regards inquisiteurs des autres comédiennes. Elles devineraient sans peine l'habituée des chambres de bonne, et cette odeur de lessive un peu âcre qui lui collait à la peau, le fumet de la misère.

Elle se promit que dès qu'elle aurait un peu d'argent, elle achèterait le vase au bleu laiteux repéré dans une vitrine de la rue Bonaparte. Sarah Bernhardt s'était offert un Sèvres avec son premier cachet. Elle l'avait lu dans un magazine.

L'entrée de la gare était interdite aux civils. Les autorités redoutaient la multiplication des scènes larmoyantes. Les adieux aux soldats se faisaient derrière les grilles.

Madeleine lui tendit sa valise. Hésitante, elle lui serra la main. Le geste presque comique surprit Blanche qui l'embrassa sur la joue.

Devant les bureaux de la cantine militaire dans le hall, une pancarte promettait un repas chaud gratuit, et aussi un endroit pour dormir, écrire une lettre. Des membres de l'Union des femmes de France, habillées en infirmières, le voile sur la tête qui les différenciait des sœurs aux cornettes, accueillaient les permissionnaires.

La gare se divisait en deux mouvements contradictoires. Les soldats descendant des trains, sales et barbus, ivres de fatigue mais pressés, bruyants, joyeux, se heurtaient à ceux rasés de près, à l'uniforme bleu, qui, le pas traînant, se dirigeaient vers les quais. Les deux foules s'ignoraient, prémonition du retour, réminiscence des quelques jours de vie grappillés.

Deux conscrits, le fusil en bandoulière, montaient la garde devant le quai. Derrière eux, un civil pointait sur son registre le nom des arrivants. Il remit à Blanche son permis, qui l'autorisait à se rendre au front.

Surtout ne le perdez pas ! Vous seriez considérée comme une espionne, ajouta-t-il en un sourire mondain.

Tout avait été si vite qu'elle n'avait pas eu le temps de trouver un photographe pour faire son portrait. L'administration avait accepté de reprendre celui du programme de l'Ambigu. Elle posait, les lèvres en avant comme pour donner un baiser. Le cachet du Grand Quartier général barrait ses épaules nues que découvrait sa robe à froufrou.

Elle avait dû en revanche subir un interrogatoire au ministère de la Guerre. L'employé, derrière ses lunettes, égrenait le questionnaire. Bouche : moyenne. Il lui jetait un regard suspicieux lorsqu'elle déclarait sa taille, son poids, l'avait examinée avec intensité pour déterminer la couleur de ses yeux. Verts. Menton : rond. Tout était reporté sur le papier bleu, même sa tache de naissance en haut du dos.

De loin Blanche reconnut Abraham Dreyfus. Elle le salua d'un mouvement de la tête, le rejoignit.

Émile Fabre, l'administrateur de la Comédie-Française, lui glissa-t-il en désignant le petit homme qui haranguait la troupe.

Sa voix puissante peinait à couvrir le bruit des trains s'ébranlant sur les voies voisines. Il parlait comme s'il improvisait. Les sourires discrets des femmes au premier rang firent deviner à Blanche qu'il était habitué de ce genre de numéro.

« À l'heure où chacun s'efforce, selon ses moyens, de venir en aide à nos soldats et de leur témoigner par là sa sollicitude, sa reconnaissance... »

Sa barbiche poivre et sel le faisait ressembler à quelque méchant d'un drame romantique.

Dreyfus passait en revue chaque membre du comité. Le crâne dégarni, les moustaches tombantes, le sous-secrétaire d'État des Beaux-Arts. L'homme à la raie au milieu qui lui faisait une tête d'oiseau de proie, professeur au conservatoire. Le grand au chapeau, le nez décharné, directeur de théâtre.

Blanche oubliait les noms aussi vite qu'il les lui soufflait. Ils se confondaient dans le même sentiment de l'importance de leur fonction.

Tandis qu'elle leur offrait un air pénétré, elle remarqua le visage bovin du sous-secrétaire d'État, rompu aux déclamations patriotiques, le soubresaut des sourcils du professeur, pressé de voir finir la cérémonie, la lueur du directeur de théâtre chaque fois qu'il jetait un coup d'œil à la femme à côté de Blanche.

Elle s'attachait à chacun de ces signes qui trahissaient l'errance de leurs pensées. Bien souvent cette perspicacité de quêteuse avait fait toute la différence entre un ventre plein et une soirée sans dîner. Tous nourrissaient les mêmes désirs qu'elle. Elle l'entrevoyait dans les mines académiques des membres du comité, dans les figures que se composaient les comédiennes.

« Les comédiens ont une belle mission à remplir. Leur venue sera un véritable réconfort moral... » La tête du général hochait en un va-et-vient qui donnait à croire l'homme atteint de tremblements.

Un vent froid rougeoyait les visages. Le professeur du conservatoire se moucha bruyamment. Les actrices, enveloppées dans de lourds manteaux au col de fourrure, certaines avaient ajouté un plaid par-dessus, écoutaient impassibles. Blanche serra son étole contre elle. La bise s'engouffrait sous sa jupe.

Elle aperçut en arrière des machinistes chargeant dans un wagon les décors, les caisses d'accessoires, supervisés par le régisseur.

Au-dessus des trains se dessinaient les façades noircies des immeubles. Les fenêtres aux volets clos s'alignaient comme des rangées de chandelles mouchées.

Dans le convoi voisin en partance pour le front, des soldats, intrigués par la présence de tant d'officiels, sifflaient, criaient. L'un d'eux entonna « À nos poilus qui sont au front / qu'est-c'qui leur faut comme distraction / Une femme, une femme... » Bientôt les autres reprirent en chœur, décrivant avec des gestes grivois une silhouette féminine. Blanche observa ses voisines. Elles ignoraient ostensiblement le tumulte, absorbées par le discours de Fabre. « Une femme, une femme... » beuglaient les autres. Blanche retint un sourire mais sa moue amusée la trahissait. Ces soldats étaient les frères des spectateurs de l'Ambigu, qui troublaient les représentations de leurs remarques salaces, de leurs acclamations joyeuses. « Au lieu de la sale gueule des Allemands, ils aimeraient bien mieux certainement / Une femme, une femme... » Elle se réjouissait à l'idée d'un tel public au front, montrerait aux dames de la Comédie-Française, habituées au silence respectueux des connaisseurs, comment le dompter. Des hourras conclurent la chanson.

L'ironie des troupiers reprit de plus belle contre la rangée d'officiels. Ils vociférèrent des insultes. Un capitaine se précipita sur le quai voisin. Il agita son revolver, leur ordonna de se taire. Il ne parvint qu'à redoubler leurs huées. L'officier, blême de rage, appela en renfort le détachement qui accompagnait le théâtre aux armées. Il fit mettre en joue les fenêtres des wagons, tout aussi en vain.

« Comédie-Française, Ambigu, Athénée, Opéra-Comique, l'Union nationale de la grande famille du théâtre... » La voix de Fabre se perdit dans une clameur venue du hall. Une femme âgée apparut au-dessus de la foule. Elle avançait, ballottée, pelotonnée dans une chaise à brancards, peinte en blanc, ornée de rinceaux à la mode Louis XV. Elle était portée par deux hommes. Une capeline fleurie lui cachait une grande partie du visage, enveloppé sous les écharpes, les plumes. On la déposa devant Fabre.

Sur un ordre du général, des soldats prirent le relais des civils pour la transporter. Dans son long manteau à fourrure tigré, fermé jusqu'au menton, Sarah Bernhardt salua l'assistance. « Allons remonter le moral de nos braves poilus ! » s'égosilla-t-elle, offrant à tous un grand sourire. Quelques semaines plus tôt elle avait été amputée de sa jambe droite.

Les gares aux quais déserts défilaient. Avec lenteur.

Depuis le début de la guerre, les convois roulaient au ralenti.

La terre brunâtre était gorgée d'eau. Le ciel de mars la noyait sous une lumière sombre. Les rares bâtiments ressemblaient à des radeaux sans grâce, perdus au milieu de cet immense manteau de glèbe.

Les vedettes du Français avaient transformé leur compartiment en une loge improvisée. Les journalistes et les techniciens allaient de l'une à l'autre, relayaient les nouvelles du reste du train. Avec Abraham Dreyfus et Mauléon, Blanche s'était installée dans la dernière voiture.

La tension du départ était retombée. Le visage de Victor se dessinait sur la vitre du compartiment, effrayant, puéril. Elle ferma les yeux. La succession s'accéléra. Catherine, les yeux rieurs, ôtait les traces de gâteau autour des lèvres de Blanche, avec son doigt. Madeleine, derrière la grille de la gare de l'Est, la suivait des yeux jusque dans le hall. Victor à nouveau lui suçotait le lobe de l'oreille — des bribes et encore des bribes.

Une tristesse mordante la berçait en y repensant. Ils l'accompagneraient un moment, ressurgiraient de loin en loin, disparaîtraient. Elle avait réussi.

La tête de Dreyfus assoupi dodelinait. Elle le couva d'un regard reconnaissant, se retint de prendre ses mains dans les siennes.

Léon Mauléon ronflait à côté d'elle, avec une belle régularité. Il avait posé ses pieds sur la banquette et remonté jusqu'au menton sa pelisse en fourrure imposante. Une vareuse bleu roi avec le long des manches un double parement jaune vif, une paire de bottes au cuir rutilant, une écharpe rouge constituaient son uniforme. « Ordonnance du général Bruguière, ministère de la Guerre », avait-il expliqué à Dreyfus. Il ressemblait à un chanteur d'opérette.

Il se réveilla lorsque le train ralentit à l'entrée d'Épernay.

Une rangée de blessés, sur des civières posées à même le sol, s'alignait le long du quai, protégé par une verrière. Le vent rabattait la pluie sur les couvertures.

Les moins atteints se tenaient assis sur les bancs. La plupart arboraient, pendue à leur cou, leur fiche d'évacuation, pauvre colis dont on viendrait bientôt prendre livraison. Leur blessure les avait vidés de toute jeunesse. À l'écart, certains se réchauffaient autour d'un brasero. Des infirmières leur proposaient un café, un bouillon.

Une explosion avait soufflé la façade d'un immeuble. Un canapé en velours capitonné, posé sur un tapis couvert de gravats, des portraits accrochés au-dessus d'un piano formaient un décor de maison de poupées. Cette intimité offerte à tous les vents impressionnait plus que la vue des estropiés.

Un lieutenant, d'une vingtaine d'années, qui escortait les comédiens, vint les prévenir. « On doit laisser passer un convoi. » Blanche remarqua le fin duvet sur ses joues. Il ignorait combien de temps ça prendrait. Mieux valait ne pas quitter les voitures.

Mauléon lui demanda à quelle distance se trouvait le front.

À une trentaine de kilomètres... Il ajouta : Les Boches bombardent la ville, ils croient que l'état-major est ici.

De nouveaux blessés affluèrent. Des sœurs voletaient de l'un à un autre. Une femme descendit du train. Elle ôta sa capeline et sa capote blanche qu'elle tendit au jeune lieutenant.

Les cernes sombres, les deux plis marqués qui lui remontaient du coin des lèvres jusqu'aux ailes de son nez l'auréolaient de l'air doux et las des dames patronnesses. Elle se pencha au-dessus d'un militaire, le visage bandé, lui glissa quelques mots, passa à un autre brancard.

Nelly Martyl, indiqua Abraham. Caporal Nelly Martyl. Soprano à l'Opéra-Comique. Elle s'est engagée dans la Croix-Rouge, il y a deux mois. Cette nouvelle a fait la une des journaux.

Tout ça est bien loin maintenant, soupira la cantatrice en s'approchant de leur compartiment. Il n'y a plus que mes chers blessés qui comptent...

Elle affirma vouloir retourner au front dès la fin de la tournée.

Un train rempli de soldats traversa la gare. Le bruit des boggies et leur claquement régulier sur les rails assourdit les quais.

Suivez son exemple, murmura Abraham à Blanche en désignant Martyl. — Je ne sais pas chanter. — Je parle de la respectabilité. La vie d'artiste, c'est comme le casino, il faut savoir se retirer quand on gagne...

Abraham voulut lui faire quitter la fenêtre. Blanche refusa. Elle était fascinée par cet océan de mutilés, de vareuses aux plis trop vastes, manches vides qui pendaient le long de leur buste, jambes de pantalon désormais inhabitées. Ils demeuraient immobiles, une fixité pesante, comme si, pas encore habitués au membre absent, ils redoutaient ce nouvel équilibre, qui en signifierait la disparition définitive.

Un soldat, un pansement épais couvrant son œil gauche et son front, lui adressa un salut. Elle le lui rendit. Il souleva sa couverture et lui fit des signes obscènes. Elle éclata d'un rire franc. L'autre, le visage soudain illuminé, lui envoya un baiser.

Elle songea aux femmes qui allaient récupérer des moitiés, des quarts d'époux et leurs désirs intacts, leur queue frétillante comme une anguille, leur rage de sentir la douceur compréhensive de celles qui étaient restées entières, fraîches, de ne plus susciter que leur compassion, quand autrefois seule comptait l'urgence des corps à se frotter, s'imbriquer.

Elle contempla Léon. Sa fine musculature, sa pose abandonnée, pleine d'une vie ignorante de son propre miracle, la réconforta. Il se méprit, lui adressa un sourire charmeur.

À chaque gare un peu importante, le cérémonial se reproduisait.

Un énorme chapeau ruisselant de fleurs sur le crâne, Cécile Sorel faisait son apparition. Le maire ceint de son écharpe tricolore débitait son discours. Accompagné d'un photographe, un journaliste local s'efforçait de noter ses paroles. Sorel prenait la pose à côté de l'édile. Un flash, dans un bruit mat, répandait sa lumière laiteuse sur eux.

Elle entrouvrait son manteau sur ses courbes prometteuses, s'avançait vers les troupiers. Leur décochait des œillades appuyées. Distribuait des baisers langoureux. Parfois l'un d'eux tentait de lui prendre la main. Un capitaine lui donnait une violente tape.

En remontant dans le train, elle levait le bras en un geste gracieux. « À bientôt mes chérrris ! »

Je tiens ce monde pour ce qu'il est : un théâtre où chacun doit jouer son rôle.

Abraham parlait comme pour lui-même.

Shakespeare dans *Le Marchand de Venise.* On ne croirait pas à la voir, mais elle a quarante ans passés... Et elle interprète toujours les jeunes écervelées... Par contrat, les rôles de grande coquette lui reviennent...

Il observa Léon qui gardait les yeux fermés. Il se pencha vers Blanche. Sur le ton de la confidence, il la prévint, les autres comédiennes n'allaient pas tarder à propager la rumeur qu'elle était sa maîtresse. Il savait même laquelle s'en chargerait. Dussane. Elle le lâchera comme une de ces petites anecdotes qui font la vie du théâtre.

Ce genre d'histoires pouvait éliminer une rivale. On pardonnerait à Abraham, le démon de midi. Blanche serait condamnée sans examen.

Elle se récria. Abraham l'interrompit avec sa douceur habituelle. Il acclamait les numéros quand ils étaient bien joués. Blanche avait récité sa partition depuis le début avec justesse. Son ton d'élève docile, qui cherchait à lui faire croire à la profondeur de ses saynètes, son sérieux affiché à écouter ses conseils, il avait tout apprécié. Elle lâcha un petit cri.

Il n'y avait nul reproche dans ses propos. Le refus des avances de Mauléon lui avait prouvé qu'elle avait la tête sur les épaules.

Je vous ai donné votre chance ! Sachez la saisir. C'est un pistolet à un coup. Vous atteignez la cible, votre carrière est lancée. Avec un peu de chance, cette tournée vous ouvrira les portes du conservatoire... Si vous la ratez...

Une fois la partie entamée, ils devraient s'éviter, du moins en public. Lui se mêlerait aux militaires. Elle devrait se lier avec les comédiennes.

Je m'arrangerai pour me plaindre gentiment de votre froideur à mon égard, de votre passion dévorante pour le théâtre.

Il marqua une pause.

Une dernière chose. Tenez-vous loin de Mauléon. Pour éviter d'autres rumeurs, qui pourraient être déplaisantes aussi pour moi. Essayez de circonscrire la Dussane.

Blanche lui lança un regard interrogateur.

Ne cherchez pas à lui plaire. Elle se douterait aussitôt de la manœuvre. Soyez avec elle comme un livre ouvert... Étonnez-vous de ses propos, récriez-vous à ses médisances. Elle pensera que votre naïveté vous rend inoffensive. Bercez-la dans cette illusion. Elle préférera une concurrente qu'elle peut mener qu'une adversaire dont elle aurait tout à craindre...

Le regard d'Abraham se perdit dans le vide. Un bref apitoiement sur ses propres blessures ravalées, et plus encore sur ses petites victoires gagnées, autant de minuscules coutures toujours prêtes à craquer.

À mesure qu'ils se rapprochaient du front, le décor se faisait plus militaire. Des canons montés sur des rails attendaient sur des voies à l'écart, le fût recouvert d'une capote tel le chaperon sur la tête du faucon. Des colonnes de fantassins se déversaient paresseusement sur les routes. Tout un ordre militaire, cadencé, géométrique, administrait le paysage, camps de tentes installées en un rectangle, parapets et butées en un même alignement, entrepôts de véhicules, déplacement de troupes, comme si l'armée luttait contre la terre profonde et meuble.

À Toul, ils changèrent pour Épinal. En attendant leur train, Abraham présenta sa protégée à Sarah Bernhardt. Blanche bredouilla un compliment.

Ce serait plutôt à moi de vous admirer. Vous possédez la seule chose que je n'ai plus...

Elle se tut, préparant son effet.

La jeunesse... déclama-t-elle, le regard voilé de celle qui se prépare à se présenter devant son Créateur. Son maquillage trop voyant soulignait l'ossature de son visage.

Et vous la seule chose que je n'aurai peut-être jamais, le génie, assura Blanche.

Bernhardt la gratifia d'une lueur malicieuse. Abraham gloussa de plaisir.

Vous voyez mon cher Dreyfus. Autrefois le public courait pour me voir. Aujourd'hui c'est moi qui suis obligée de courir après lui... Jusqu'au front...

Il lui prit la main. Ils échangèrent un rire quiet.

La voix forte de Mauléon attira leur attention. Une vive discussion l'opposait à deux officiers. Le lieutenant toisait le comédien. Les muscles tendus de ses joues trahissaient une colère contenue. Des journalistes s'approchèrent. Le capitaine à la petite moustache tirait sur sa cigarette, le regard mauvais.

Le colonel en charge du convoi rejoignit l'attroupement. Nous fumions sur le quai, expliqua le capitaine, ce monsieur nous a demandé du feu. Mauléon, écarlate, l'interrompit. Il avait engagé la conversation par pure politesse. Par pure politesse, répéta-t-il. Ce saltimbanque prétendait nous expliquer la guerre..., maugréa le lieutenant. Saltimbanque ! tonna Mauléon. Des insultes maintenant !

Le colonel se gratta la nuque. Mauléon explosa. Ces messieurs ont mis en doute mon patriotisme ! Le capitaine, sans quitter les nuages des yeux, glissa, je lui ai demandé comment un homme de son âge pouvait échapper au front en ce moment ! Un murmure approbateur parcourut la foule. Le ministère a jugé que je suis plus utile à Paris que dans les tranchées, se justifia Mauléon. Il faisait partie d'une unité en charge de mobiliser l'arrière en faveur de l'emprunt de guerre. Il haranguait les spectateurs des théâtres parisiens, avant le début des représentations. Quelqu'un dans la foule lâcha, le brave affronte les feux de la rampe ! Les éclats de rire firent blêmir Mauléon. J'ai dû obtenir une permission de cinq jours pour venir ! Sa phrase fut aussitôt recouverte par un flot de sarcasmes.

Le colonel lui ordonna de rejoindre sa voiture. Déjà que le général n'était pas chaud pour cette tournée, conclut-il à voix basse. Si en plus il découvre qu'il y a un embusqué...

L'orchestre du 152e entonna *La Marseillaise.*

Les artistes descendirent du train sous les applaudissements. Une clameur encore plus forte accompagna l'apparition de Sarah Bernhardt, portée par deux soldats, dans son fauteuil Louis XV. Ils la déposèrent au pied de la tribune officielle. Elle sautilla avec difficulté sur les quelques marches, soutenue par un officier. Le général s'avança pour un baisemain cérémonieux.

Le gris des façades surprenait Blanche. Elle n'en avait jamais vu de si triste, une tristesse dénuée de mélancolie. Le macadam des trottoirs de Paris, la pierre rongée des immeubles de Belleville ou le stuc abrasé de ceux des grands boulevards se couvraient d'une patine érodée. Les espoirs, les déceptions des passants, éphémères et ardents, donnaient au gris parisien une tendresse, éraillée, polie, toute une profondeur profuse qu'ignoraient les villes de province.

Cécile Sorel jetait des regards d'envie vers l'estrade. Un officier l'aborda.

Capitaine Pierre Delambre. Je suis chargé de votre accueil.

Sorel clama bien fort, pour se faire entendre de la tribune, « Je serrrai un parrrfait petit soldat ! Génèrrral ! Orrrdonnez et j'obéirrrrai ! »

Delambre s'inclina avec une raideur presque comique. Il l'entraîna avec les autres vers un petit homme assis à une table, à l'écart. La direction des Étapes et Services vous a réservé une chambre à l'hôtel, annonça l'employé. Il demanda à Blanche de lui désigner ses valises. Puis il nota le nom d'une écriture soigneuse, sur une étiquette qu'il accrocha aux poignées.

Un soldat s'en empara. Gestes mécaniques, tête baissée. Le coin d'une des deux valises heurta la jambe de Blanche. Elle lâcha un petit cri. Il ne s'arrêta ni ne se retourna.

Le capitaine Delambre lui ordonna de présenter ses excuses à Blanche.

Je vous prie de me pardonner, mademoiselle.

L'atonie de sa voix était désagréable, son regard, absent et abrupt à la fois. Les sillons entre ses sourcils, la marque de ses cernes, pareille à des traits de pinceau, imprégnaient sa physionomie d'une dureté à peine atténuée par sa moustache brune qui faisait ressortir la délicatesse de ses lèvres. Son visage ressemblait à une forteresse, d'où tout sentiment autre que la subordination avait déserté. Blanche perçut pourtant son hostilité dans le pincement de ses narines.

Le capitaine, le visage presque collé à celui de son subalterne immobile, l'agonit. Il se tourna vers Blanche, et, sur un ton affable, s'excusa à son tour. Elle assura Delambre qu'il s'agissait d'un incident sans importance. Il menaça Rivière, c'était le nom du soldat, d'une punition de retour au cantonnement. Elle prit sa défense. Elle ne voulait pas causer du tort à un homme pour lequel elle avait fait tout ce chemin afin de lui remonter le moral.

Le soldat la dévisagea. Il afficha un léger sourire, doux celui-là, Blanche eut le sentiment qu'il la remerciait de son intervention.

Rompez !

Rivière haussa les yeux en saisissant les deux valises. Si bref que fut ce geste de défi, Blanche le remarqua. Elle laissa échapper un petit pouffement. Le capitaine soupçonna quelque provocation de son subordonné. Rivière se remit prestement au garde-à-vous, sans expression.

Delambre sortit un étui en argent, proposa à Blanche une cigarette. Elle refusa. Elle l'évalua à la dérobée. Il portait bien l'uniforme, les épaules droites, la cambrure des reins marquée. Une certaine mollesse dans son visage contrastait heureusement avec son allure martiale.

Dussane héla Dreyfus. Il se redressa, tel un domestique. Elle affectait un air chagrin.

Préparons-nous au pire, susurra Abraham en saisissant le bras de Blanche.

Dussane coupa court aux politesses.

Léon me dit que vous n'êtes pas au courant...

Elle leur fourra sous le nez le programme de la représentation du lendemain.

Lisez !

« *Gros chagrin*, de COURTELINE, par Mlles Dussane et Sorel, de la Comédie-Française.

« *Un crâne sous une tempête*, d'Abraham DREYFUS, par Mlle Beaulieu de l'Ambigu et M. Léon Mauléon de l'Athénée. »

Abraham l'interrogea du regard.

Là !

Elle tapota du doigt la ligne suivante.

« *Les Cathédrales*, d'Eugène MORAND, par Mlles Sarah Bernhardt, Sorel, Dussane, Martyl et Beaulieu. »

Ils se figèrent.

Dussane réprima un petit sourire. C'est une idée de l'administrateur de la Comédie-Française. Il a pensé que rien n'était mieux pour afficher l'union des théâtres dans cette noble mission que de nous faire jouer toutes ensemble dans une même pièce...

Blanche se sentit gagnée par la panique. Cela avait été décidé la semaine dernière. Les autres comédiennes avaient déjà interprété la pièce.

On a dû oublier de vous prévenir... Voilà qui est fâcheux !

C'était la première fois qu'elle adressait la parole à Blanche.

Dussane offrit un visage soudain soucieux, compatit à l'abattement de Dreyfus.

De telles rosseries étaient fréquentes à l'Ambigu. Marthe supprimait des répliques, modifiait au dernier moment la distribution des petits rôles. L'affaire se soldait par des gifles en coulisse.

Enfin, rien n'est perdu, reprit Dussane, d'un air de maîtresse de maison à qui on annonce un contretemps. Le rôle qui vous est réservé n'est pas si long. Il s'agit de la cathédrale de Saint-Pol-de-Léon. Dès que nous arriverons à notre hôtel, je vous prêterai mon exemplaire. Nous ferons une petite répétition demain matin...

Abraham remisa sa contrariété. Il adressa un remerciement froid à Dussane.

La peste ! marmonna-t-il en s'éloignant. Elle n'a pas dû vous laisser beaucoup de répliques. Vous les saurez rapidement.

Il lui tapota le bras. Un excellent exercice pour préparer le conservatoire.

Des soldats s'affairèrent autour de Sarah Bernhardt. Ils l'installèrent dans une voiture. Le capitaine Delambre répartit les comédiens et les journalistes dans les deux autres. Blanche monta avec Cécile Sorel et Dussane. Delambre s'assit à l'avant.

Les automobiles s'ébranlèrent à travers les rues d'Épinal. Un camion avec l'escorte fermait le convoi.

Une bombe allemande a détruit le jardin municipal, commenta le capitaine. Elles écoutaient en silence, comme si elles communiaient avec les victimes.

Les voitures longèrent la Moselle. Delambre détailla les ouvrages militaires. La cité semblait en état de siège. Des batteries d'artillerie étaient installées sur les buttes. La silhouette en grès rose du fort de la Mouche surplombait la Moselle.

Le capitaine désigna un bâtiment massif auquel menait une voie unique de chemin de fer. Le parc à fourrage ! On peut nourrir toute une division de cavalerie avec ses réserves.

Les trois femmes émirent des hochements approbateurs.

Blanche voyait dans le rétroviseur le regard du chauffeur, aussi absent que celui du soldat Rivière. Il ne semblait même pas entendre les propos de son officier.

Au sortir de la ville, Delambre annonça fièrement qu'il pouvait enfin leur dévoiler leur destination.

Ce soir, vous jouerez à Gérardmer. Si les Boches avaient été au courant du lieu de la représentation, ils auraient tenté de le bombarder... Le GQG n'avait voulu prendre aucun risque.

Dussane demanda à combien Gérardmer se trouvait du front.

Une trentaine de kilomètres. Rassurez-vous ! L'ennemi ne peut pas vous atteindre. Sauf par aéroplane, mais il ne fait pas de sorties de nuit. Trop à l'aveuglette…

La route grimpait doucement parmi les massifs de sapins et de hêtres, nostalgiques, solidaires. La voiture s'y enfonçait sans que ses occupants puissent voir l'horizon. Les arbres et leurs troncs serrés, leurs branches touffues d'un vert sombre, presque noir, intimidaient Blanche. Par endroits, la neige faisait ployer le feuillage.

Les changements de vitesse provoquaient de désagréables soubresauts. Le capitaine tempêta.

À chaque virage, le corps de Dussane pesait contre Blanche. Elle l'accueillait avec une douceur maternelle, renforçait le déséquilibre de l'actrice qui lui jetait des regards réprobateurs. Elle avait tiré ses cheveux vers l'arrière comme les plumes d'un oiseau quand il devine une menace.

Elle informa Sorel de la déconvenue de Blanche.

Ne t'en fais pas ! lui conseilla la vedette. Joue-le inspiré ! Ce genre de poème ne vaut que si tu transportes les spectateurs.

Son ton était amical. Il n'y avait plus ni roulement ni affèterie. Sa voix n'était plus aussi suraiguë. Un truc pour les journalistes et le public, avoua-t-elle à Blanche. Elle mit son doigt sur ses lèvres pour lui demander de garder le secret. La nouvelle secousse manqua lui faire heurter le siège avant.

Le capitaine fit arrêter la voiture sur le bas-côté, insulta le conducteur. Le soldat s'excusa. Il était chauffeur de camion dans le civil. Il ne transportait que des plantes et des graines.

Il fallait demander à Rivière, mon capitaine. Lui, il conduisait un taxi...

Delambre ouvrit la portière, se planta au milieu de la route.

Le camion se gara devant lui.

Descendez ! ordonna-t-il à Rivière.

Les deux fantassins échangèrent leurs places.

Rivière croisa le regard des trois femmes en ajustant son rétroviseur. Il démarra tout en douceur.

Le capitaine essayait d'entretenir la conversation. Se souvenant des conseils de Dreyfus, Blanche affichait une sage retenue, observait les pentes neigeuses ou bien la nuque du chauffeur dont les cheveux bruns coupés court laissaient voir des oreilles bien dessinées. Elle devina au mouvement souple de ses bras, de sa main passant les vitesses, le plaisir de ce moment volé à la guerre.

L'air courtois de Delambre tranchait avec la dureté des ordres qu'il donnait au conducteur. Blanche n'avait pas l'habitude de voir des hommes ainsi rudoyés sans qu'ils répliquent. Leur passivité, leur exaspération tue mais qui pointait par instants l'intriguaient. Ce Rivière n'était manifestement pas un mauvais bougre. La douceur dans son regard, qui épousait les pièges de la route, trahissait une nature paisible. Un homme sans histoires, que le capitaine tympanisait. Elle en ressentait presque de la complicité. Tant de types autoritaires avaient essayé de la contraindre.

Ils longèrent un lac aux eaux noires, entrèrent dans Gérardmer comme le soir commençait à tomber.

Rivière se gara devant l'hôtel de la Jamagne réquisitionné par l'armée. Il accueillait autrefois les touristes amateurs de sports d'hiver. La grande salle servait de cantine aux officiers du génie et de l'artillerie.

Capitaine, j'espèrrre que vous lui donnerrrez un bon pourboirrre ! plaisanta Sorel.

Delambre eut un rictus qui se voulait un sourire.

Rivière tint la portière aux trois femmes. Blanche l'en remercia. Une brève lueur passa dans les yeux du chauffeur. Elle risqua un sourire. Il s'était déjà repris, immobile au garde-à-vous. Elle eut un hochement approbateur comme un directeur de salle pour un comédien qu'il auditionne.

Sarah Bernhardt avait été installée dans la suite nuptiale au premier. Cécile Sorel aussi avait eu droit à un traitement spécial, avec la suite « Bleue des Vosges » juste au-dessus. Les comédiennes du Français et la cantatrice Nelly Martyl s'étaient vu attribuer les plus grandes chambres, délaissées par les officiers sur ordre de l'état-major. Blanche, Dreyfus, Mauléon et les journalistes durent se contenter des plus petites au dernier étage, réservées autrefois aux représentants de commerce.

La vue depuis la fenêtre de Blanche donnait sur une place. Un kiosque à musique en son centre, entouré d'un massif de verdure, les rues trop grandes alentour témoignaient du passé de station balnéaire de Gérardmer. La torpeur mélancolique des immeubles délaissés par les touristes lui plaisait, comme une barbe de plusieurs jours efface le visage juvénile des hommes.

Sa chambre au plafond bas était surchargée de meubles. Un feu ronronnait dans la cheminée. Elle se laissa choir sur l'énorme édredon qui recouvrait le lit à la façon d'une couche de crème sur un gâteau.

Sorel lui avait fait remettre son exemplaire des *Cathédrales*. Un in-quarto à la couverture rouge vif qui portait sur la page de garde le poinçon de la Comédie-Française. Blanche n'avait aucune idée de la façon de jouer ce genre de théâtre. Les personnages étaient des cathédrales de France, Notre-Dame de Paris, Strasbourg, Bourges, Reims, Arles, Amiens, qui s'adressaient à un pauvre soldat pour l'encourager à tenir bon contre les Allemands.

Celle de Saint-Pol-de-Léon n'avait droit qu'à quelques phrases. « Ces combats que le jour... » Blanche ahanait, ne parvenait pas à retenir les quelques vers. « Ces combats que le jour en se mourant achève. » Elle s'arrêta, reprit « L'ont brisé dans sa force : il s'est endormi. » Elle haussa les épaules, recommença. Elle devina que, quoi qu'elle fasse, elle n'obtiendrait jamais le timbre inspiré d'une Sarah Bernhardt ou d'une Cécile Sorel. Dussane savait comment placer ses intonations. Demander son aide serait un aveu de faiblesse trop précipité.

« J'entends, suivant d'en bas la même voie, Tout le peuple des loups hurler... » Les mots lui venaient à la façon d'une médecine amère. « Les ruées des lourds chevaux par escadrons. » Ça manquait de chair, de gestes, d'intonation sur lesquels elle aurait pu s'accrocher. Des larmes lui échappèrent comme si elle venait d'être refusée au conservatoire.

Elle ouvrit la porte de sa chambre.

Rivière était assis sur une chaise dans le couloir. Le capitaine Delambre lui avait ordonné de l'attendre pour la conduire à la réception donnée par l'état-major.

Il manqua de tomber en se mettant au garde-à-vous avec précipitation.

Venez ! J'ai besoin de vous.

Blanche lui tendit le recueil.

Vous allez me faire réciter!

Son air gêné l'amusa. Elle n'avait pas l'habitude de commander un homme, ni n'importe qui d'ailleurs. Elle tenta d'imaginer Sorel à sa place, se composa une contenance tout à la fois avenante, hautaine.

« Pauvre enfant! Il était celui que rien n'arrête. Il attendait comme une fête l'heure d'aller à l'ennemi. » Il lut sans détacher aucun mot. Elle le reprit. Il fallait qu'il mette un minimum d'intonation pour qu'elle puisse se sentir porter. Vous êtes la cathédrale d'Arles et vous parlez d'un poilu qui rêve de se battre. Elle concéda qu'effectivement ça pouvait paraître bizarre à première vue. C'était une licence poétique.

Il ne réagit pas. Elle devina de sa part une mauvaise volonté sourde. Elle haussa le ton. Il afficha le même air buté. Elle s'emporta. Un sentiment de revanche l'animait. Dans sa nouvelle existence, elle donnerait des ordres, les hommes obéiraient. Elle le rabroua à nouveau. Il rentra la tête dans les épaules, habitué aux engueulades. Il recommença à contrecœur. « Pauvre enfant!... » Ce fut pire.

Ah, vous allez me rendre folle!

Elle prenait plaisir à voir percer son inquiétude. Elle le menaça de se plaindre auprès du capitaine Delambre. Au nom de son officier, il se lança, cette fois-ci posé, presque inspiré. Blanche fut si surprise qu'elle manqua sa réplique. Avec timidité, il lui souffla le premier mot.

Elle parvint à retrouver son texte, à le jouer même, du moins il le lui semblait. Sarah Bernhardt et Cécile Sorel s'étaient réservé les passages principaux. La cathédrale de Reims consistait en un long chant qui avait dû être attribué à Nelly Martyl. Tout ça présageait une surenchère d'effets, de dictions affétées. Dussane, elle, déclamerait son texte avec retenue, pour mieux servir les deux vedettes. Blanche décida qu'elle ferait de même. Elle cala sa voix, plus basse que d'habitude, à mi-chemin entre le grave et le mélodramatique.

Elle lui demanda ce qu'il pensait de la pièce. Il bafouilla deux trois mots, elle serait très bien dans son rôle.

Vous aussi vous pensez que c'est mauvais ? le coupa-t-elle.

Il se tut. Elle l'encouragea à donner son avis. Il s'y refusa. Je le veux ! s'exclama-t-elle. Je vous le demande comme un service, s'excusa-t-elle.

Une grimace railleuse tordit sa bouche.

Faut vraiment être un sale con pour croire qu'un type dans les tranchées se fait une fête de partir à l'assaut des lignes boches.

Il retomba aussitôt dans son apathie réglementaire. Il y avait chez lui plus que du fatalisme, une bravade. Il se pliait jusqu'à l'absurde — comme s'il avait accroché sur son front un écriteau « parti sans laisser d'adresse ». Ses supérieurs, habitués à être obéis, s'y laissaient prendre. Les colères de Victor la plongeaient parfois dans un état semblable. Elle voulut lui faire entendre qu'elle avait percé son secret.

Elle partit d'un grand éclat de rire.

C'est comment votre prénom soldat ?

Un rictus distant parcourut son visage, comme si elle lui demandait quelque chose de trop intime.

Antoine ! marmonna-t-il à regret.

Antoine ? Eh bien Antoine, je crois que vous avez foutrement raison.

Il ne réagit pas à sa soudaine familiarité. Seule une brève lueur mordante darda son regard. Elle rougit, porta la main à sa joue comme s'il l'avait giflée. Ils venaient peut-être tous les deux du même monde, il rejetait toute complicité. Il ne voyait en elle qu'une menace de plus, d'autant moins légitime qu'elle n'était qu'une comédienne venue divertir la troupe.

Il ferma la porte sans se retourner.

Abruti ! lâcha-t-elle comme pour elle-même.

La villa Édouard, siège de l'état-major, était la plus imposante de Gérardmer. Ses tours de granit noir dominaient les eaux du lac, un air de château en Bavière.

Une débauche de drapeaux tricolores, d'écussons à fond d'azur, de guirlandes de laurier en or pendait sur les façades dans la cour. C'était le seul signe de présence de la guerre, avec le fourmillement d'uniformes qui avait envahi le rez-de-chaussée et le premier étage.

Des tapisseries des ateliers des Gobelins couvraient les murs de leurs scènes champêtres. Une immense table se dressait dans la salle à manger. Des corbeilles de fleurs étaient posées à intervalles réguliers, ainsi que quatre chandeliers garnis d'une vingtaine de bougies.

Pour ne froisser aucune des deux vedettes, Sarah Bernhardt et Cécile Sorel présidaient chacune à un bout de la table. Les officiers avaient été placés selon l'importance de leur grade. Le général de Villaret et son proche état-major entouraient la doyenne, les officiers subalternes se pressaient autour de Sorel.

Villaret ouvrit le repas par un hommage aux combattants de Verdun. À moins de deux cents kilomètres d'ici, une terrible bataille faisait rage depuis un mois. Le sort de la patrie s'y jouait.

Un maître de cérémonie annonça « Consommé Sarah Bernhardt ». L'actrice inclina la tête en direction du général. Un hommage de notre chef à votre talent, lança-t-il.

À soixante-dix ans passés, Sarah s'était empâtée. Sa chevelure d'un noir si dense tirait désormais sur le roux. Une teinte étrange comme sa tenue, débordements de plumes, de fanfreluches, de bijoux imposants. Toute trace de vie s'était réfugiée dans son sourire. Il happait le regard, l'empêchait de s'attarder sur son excès de fard, l'éclat absent de ses yeux en amande, mangé par la chassie des souvenirs.

Les femmes portaient un de ces tailleurs à l'élégance sobre. Leur couleur sombre, leur parement à brandebourgs s'offraient comme un renoncement aux extravagances de la mode. Même Cécile Sorel n'avait gardé de son habituelle exubérance que son collet rouge rubis qui lui couvrait les épaules et la gorge. Elle était très fière d'avouer qu'elle l'avait fait copier sur celui du pape.

Blanche était la seule avec Sarah Bernhardt à arborer un col en guipure qui lui remontait jusque sous le menton. Un début de mal de gorge, expliqua-t-elle en portant la main à son cou.

Le capitaine Delambre, assis à sa gauche, voulut lui faire préparer le soir même un grog de sa composition. Rien ne devait l'empêcher de jouer demain soir. Il lui avoua, une légère rougeur aux joues, qu'il attendait avec impatience de l'admirer sur scène.

La dureté de son regard affirmait qu'il n'était pas homme à ce genre de badinerie, mais la sueur qui faisait luire son front témoignait de son sérieux à y parvenir. Blanche ne savait pas s'il avait parié avec ses camarades qu'il parviendrait à la mettre dans son lit ou s'il était sincèrement ébloui par le charme d'une comédienne venue de Paris.

« Noisettes de mouton Dubarry. »

Béatrix Dussane s'était débrouillée pour s'asseoir près de Sarah Bernhardt, par hasard. Par hasard aussi, elle saisissait un mot dans une conversation, glissait une repartie flatteuse, décochait aux journalistes un hochement admiratif pour la qualité de leurs articles. Elle tenta même de détourner Delambre de Blanche. Elle lui adressa le sourire enfantin qui avait fait son succès dans le rôle de Lisette, lors de la reprise à la Comédie-Française de *L'École des maris.*

Le capitaine ne s'en aperçut pas, trop concentré à pousser son avantage avec Blanche. À peine avait-elle fini son verre qu'il appelait un des soldats, afin qu'il le remplisse à nouveau.

Elle se laissa émouvoir par son empressement maladroit, ses compliments appliqués et fades, comme si elle s'apitoyait sur son propre sort. Le regard réprobateur de Dreyfus l'avertit.

Elle entreprit de converser avec Jehan Adès, le régisseur de la troupe, installé à sa droite.

Le capitaine sentant qu'elle lui échappait lui posa la main sur le bras. Un colonel assis en face d'eux lui intima d'un bref hochement de menton de cesser son manège.

« Longe de veau bouquetière. »

Blanche avait espéré qu'Adès pourrait être un soutien dans cette tournée. Il avait la cinquantaine, un âge où les hommes se montrent sensibles à l'intérêt d'une jeune femme. Il ne lui accorda aucune attention, pris dans ses souvenirs de tournées avec l'acteur Mounet-Sully décédé quelques jours plus tôt.

« Épinards aux fleurons. »

Sa péroraison solitaire dégrisa Blanche. La peur revint aussitôt. Aucun des convives ne lui rappelait un quelconque personnage du boulevard qui lui servait de bréviaire. Elle redoutait ses propres réactions. L'accroc spontané, un rire trop sonore, un geste sans retenue qui auraient trahi ses origines, comme miss Ping et son accent des faubourgs.

Blanche quêta du réconfort auprès de Dreyfus. Il l'ignora. Il rayonnait, glissait à l'oreille de Nelly Martyl quelques mots d'esprit aussitôt accueillis par des gloussements. Sa laideur offrait une harmonie surprenante, comme si les plis de son visage, la chair gélatineuse de son nez retrouvaient la disposition qu'ils devaient avoir vingt ans plus tôt.

Ses traits reprenaient leur raideur lorsque son regard croisait celui de son voisin moustachu. C'est Fursy, le chansonnier de Montmartre, expliqua Jehan Adès. Elle soupçonna quelque rivalité d'auteur entre Dreyfus et lui.

« Profiteroles au chocolat », péché mignon du général. La tension entre les deux bouts de la table montait à mesure qu'approchait le moment où chaque artiste devrait exécuter à l'impromptu un numéro, en l'honneur de la division.

Dès la gare, Sorel avait compris qu'elle ne pourrait lutter avec Sarah Bernhardt en matière de pathos patriotique. Elle n'avait pas encore trouvé quel rôle elle tiendrait.

Martyl s'était montrée plus maligne sur le coup. Elle arborait une humilité tout en retenue, une longue robe de soie noire, comme si elle était en deuil, seulement réhaussée par sa croix de guerre, avec étoile de vermeil, épinglée sur sa poitrine. Elle se leva, entonna *a cappella* quelques airs de Bizet et de Massenet.

La voix mouillée de Martyl pénétrait Blanche, la sermonnait.

Elle avait été pauvre trop longtemps pour espérer acquérir un jour cette assurance maniérée. Au fond d'elle, le doute persisterait, le sentiment d'imposture qui inhibait les caprices, les rendait ridicules faute d'être assénés avec une confiance absolue.

Elle croisa le regard froid de Dussane. Blanche entrait dans un monde plus dur encore que celui dont elle venait. Pour elle, le théâtre c'étaient les trois coups, quand le noir se faisait et que le rideau se levait. Pas une croisade, ni une pension — une histoire, rien qu'une petite histoire, un transport. Elle n'aurait jamais de chez elle.

Delambre lui glissa qu'il serait ravi de l'entendre interpréter quelque chose. Elle refusa. Il crut à une coquetterie d'artiste qui cherche à se faire désirer. Il insista. Elle posa sa main sur la cuisse du capitaine. Il s'arrêta net, foudroyé par l'audace du geste. Il fut tiré de son trouble par Léon qui, profitant du silence, se mit à déclamer.

« *Le Salut des comédiens*, poème de Miguel Zamacoïs » qui ouvrira demain la représentation. Il se tourna de trois quarts afin de présenter son meilleur profil.

« Soldats ! commença-t-il en descendant aussitôt dans les graves.

« Excusez mon émoi

« Que doit dissimuler un brin de maquillage,

« C'est donc vrai ? M'y voici ? Je suis devant vous, moi ! J'ai fait le beau voyage ! »

Il détachait chaque syllabe à la façon d'un écolier, fixait l'horizon à travers la fenêtre, insensible aux raclements de gorge, aux grondements des officiers, choqués par son histrionisme martial.

La main du capitaine Delambre essayait sous la table de saisir celle de Blanche.

« La consigne de fer que rien ne vient briser,

« Corruption, prière, intrigue opiniâtre,

« Un mot d'ordre étonnant a pu l'apprivoiser : »

« Qui vive ? : Le Théâtre ! »

C'était maintenant Cécile Sorel, comme plongée dans une crise de mysticisme, qui reprenait. Léon tenta de poursuivre, mais ses voisins le forcèrent à se rasseoir.

« "Le Théâtre !" À ce mot, les terribles gardiens

« Nous ont souri, distraits des horreurs quotidiennes. »

Le bruit d'une chaise que l'on renverse retentit à l'autre bout de la table.

« Et nous ont dit : "Passez, passez, les Comédiens !

« Passez, les camoufleurs de la Réalité." »

En équilibre instable sur son unique jambe, la main appuyée sur l'épaule du général, Sarah Bernhardt mêla sa voix à celle de Sorel. Villaret, comblé d'aise, sentait le corps de la vieille actrice s'abandonner contre lui.

« Allez l'enguirlander de fleurs de poésie

« Et la parer un peu du voile pailleté

« De votre fantaisie ! »

Elles se rendaient vers pour vers, se jaugeaient. Sorel, plus extravagante que jamais, roulait les yeux, le menton altier, Bernhardt, elle, creusait le registre dramatique, une statue.

« Passez, amants, valets, pitres, pierrots blafards. »

L'auditoire suivait fasciné cette cacophonie. Les journalistes griffonnaient fébrilement leurs carnets de notes.

Elles se calèrent peu à peu sur le rythme de l'autre, s'affichèrent complices. Sorel se tut la première, mue par un dernier reste de respect envers son aînée, Bernhardt acheva.

« Soyez les bienvenus, ô chasseurs de cafards.

« Chez les chasseurs de Boches ! »

Elle invita l'assistance à applaudir sa rivale. Sa noblesse gracieuse blessa Sorel plus encore que sa magnanimité. Elle inclina la tête, retourna les bravos vers Sarah Bernhardt, d'un mouvement qu'elle s'efforça de rendre le plus altier possible. Elle reconnaît sa défaite, murmura Adès à Blanche, mais c'est le génie théâtral français qui l'emporte !

Les convives passèrent dans un grand salon où l'on servait le café.

Blanche se réfugia à la fenêtre. En bas, devant la mairie, Rivière et d'autres chauffeurs les attendaient.

Ils semblaient transis par le froid mordant. Rivière passait d'une jambe l'autre, frappant le sol du talon pour se réchauffer. Il avait les joues rouges, comme un garnement qui vient de passer une heure dehors à courir. Il échangeait quelques mots avec un camarade tout en fumant. Elle remarqua qu'il tenait sa cigarette à la façon des vedettes de cinéma ou des voyous du milieu, entre le pouce et l'index.

Il leva la tête. Elle se cacha derrière le rideau.

Rivière reprit sa conversation. De temps à autre il jetait un coup d'œil vers la fenêtre. Il se révélait plus jeune que ce qu'elle avait cru jusqu'alors, à peine quelques années de plus qu'elle.

Le capitaine la fit sursauter. Il tenait à s'excuser pour son audace. Un pauvre soldat privé de compagnie féminine depuis plus de deux ans. Il se racla la gorge. Qui plus est d'une jolie femme.

L'hostilité des comédiennes éveillait en elle la possibilité de quelque sentiment pour le capitaine. Elle l'examina avec plus d'attention. Ses mains étaient sans nervure ni finesse, des mains rompues à obéir, à commander. Il viendrait sûrement la féliciter après la représentation du lendemain. Lorsqu'elle sortait de scène, elle était capable de folies, en proie à une surabondance de vie. Si quelque chose devait se passer, ce serait à ce moment-là. Elle saurait alors ce qu'elle ressentait réellement pour lui.

Sorel lui glissa en plaisantant, ce petit capitaine a trop l'air d'un clerc de notaire. C'est le genre d'homme qu'il faut à Béatrix.

Blanche était sous le charme. Sorel paraissait n'accorder qu'une faible importance au titre. Je m'intéresse aux êtres à qui la vie ne suffit jamais, murmura-t-elle. Blanche conjectura qu'elle servait ce bon mot à ses nouvelles connaissances. Sorel, comme si elle devinait ses pensées, lui confirma, c'est une de mes phrases fétiches...

Blanche se fit la promesse de mieux masquer ses sentiments et surtout de doser ses flatteries, sans outrance ni froideur — avec naïveté.

Léon errait dans la pièce comme une boule de billard ricochant contre les bandes, rejeté par tous. Elle eut envie de le réconforter, une main ferme la retint.

Dreyfus, d'une moue réprobatrice, lui tendit un porto. Elle se demanda où il avait bien pu en dégotter. Il désigna les officiers regroupés autour du général. Ils sirotaient tous un verre, y compris le commandant anglais invité au nom de l'Entente cordiale. Un escadron de Britanniques tenait les pentes de la Schlucht.

La voix de Fursy les interrompit.

Il avait pris place au piano qui occupait un coin de la pièce. Sur l'air d'*Auprès de ma blonde*, il entonna « De la Flandres à l'Alsace, il y a des poilus / Couchant sous les étoiles, comme de petits Jésus / sur la terre blonde, qu'il fait bon, fait bon... »

Les militaires reprirent en chœur le refrain. Dreyfus maugréa après le chansonnier.

Que vous a-t-il donc fait ? demanda Blanche.

Le dramaturge s'éloigna sans répondre.

Une boîte de cigares fit son apparition. La présence des femmes fit hésiter le général. Sarah Bernhardt lui demanda de lui en offrir un. Estomaqué, il faillit les renverser. Une mauvaise habitude que j'ai prise dans mes tournées en Amérique, s'excusa-t-elle. Plusieurs allumettes surgirent devant son visage.

Villaret fit le tour de ses invités, offrit à chacun sa photographie signée puis disparut.

Sorel donnait des signes manifestes d'ennui. Ses yeux, comme des écureuils en cage, observaient les convives. Elle poussait des soupirs bruyants aux anecdotes patriotiques des officiers. La vie est trop courte pour s'en contenter, murmurait-elle, donnez-moi de l'excitation, des rêves de conquête...

Elle avait choisi son rôle. Elle serait la vedette aux caprices charmants qui troubleraient ces militaires éteints. Elle s'enfonça dans son fauteuil, mit sa main à son front, alanguit sa voix. « Dans les prrropos qu'il tient, on ne voit jamais goutte, Et ce n'est que du brrrruit, que tout ce qu'on écoute. »

Les vers du *Misanthrope* firent taire les hommes. Blanche admira sa façon provoquante de les réduire au silence. Le regard de Cécile se posa sur elle. Toi aussi, tu n'as besoin que d'une étincelle, lui lança-t-elle. Viens. On s'en va. Elle la saisit par le bras.

Dussane se précipita à sa suite, bien décidée à ne pas la laisser seule en compagnie de Sorel.

Le capitaine voulut retenir Blanche. D'un geste théâtral, main tendue, regard alarmé, Sorel le repoussa. Elle écarquilla les yeux comme si elle voulait le fasciner. « Allez, vous êtes fou, dans vos trrransporrts jaloux, Et ne mérrritez pas l'amourrr qu'on a pour vous. »

Delambre recula, sonné. Blanche lui glissa à l'oreille :

À demain capitaine.

Paul l'avait lu dans un livre. Chez certaines tribus indiennes, il n'y a pas de différence entre le rêve et la réalité.

Les autres conducteurs se moquèrent de lui. Paul haussa les épaules, les traita d'ignorants.

Blanche et Sorel frissonnèrent en sortant. Les soldats écrasèrent leurs cigarettes, se redressèrent. Sorel avait gardé entrouvert son épais manteau de fourrure. Elle aspira avec force, poussa un petit cri lorsque l'air froid pénétra ses poumons. Elle expira tout aussi énergiquement, s'amusa à diriger la fumée qui sortait de ses lèvres. Paul esquissa un sourire.

Delambre apparut derrière elles. Résigné au départ de Blanche, il entendait lui conférer un caractère militaire.

En un même mouvement, les chauffeurs se mirent au garde-à-vous.

Le capitaine désigna Antoine pour les reconduire.

La vedette monta devant. Fursy, Dussane et Blanche se serrèrent à l'arrière avec la bonne humeur de ceux qui sont en goguette.

Rivière donna quatre tours de manivelle. Le moteur toussota, puis se mit à ronfler. Il prit place au volant. La chaleur parfumée, alcoolisée qui s'échappait des corps des passagers avait envahi l'habitacle. Une douleur vive dans la poitrine écrasa Antoine.

La voiture démarra avec douceur.

Rivière roulait phares éteints par crainte des avions ennemis.

Quel esprit plat ce capitaine !

Sorel cherchait à le provoquer.

Il passa une vitesse un peu rudement, le moteur miaula. Les rues sans lumière défilaient, à petite vitesse, les patrouilles de soldats, les attelages de canons garés sur le côté. D'autres images lui revenaient, noceurs en frac, femmes aux larges chapeaux qu'il chargeait au sortir des théâtres de Montparnasse, des boîtes de Montmartre.

Tu dois pas te marrer tous les jours mon beau petit soldat...

Il aperçut Blanche dans le rétroviseur, observa à nouveau le chemin comme s'il craignait la moindre seconde de complicité.

Impossible d'arrêter le flux. « Plus vite. » Les clients étaient pressés, de continuer la bringue ailleurs, de ramener leur poule à l'hôtel. Ils l'invitaient à prendre part à la fête, lui tendaient parfois une bouteille. « Au diable ton règlement ! »

C'était la faute de Paul et de ses conneries de bouquin. La voix de Sorel le perçait — il ne voulait rien se rappeler. Il prévoyait des nuits sans dormir, peuplées de filles aux longues jambes, d'hommes qui glissaient un cigare dans la poche de sa veste. Un Indien ne peut ignorer son rêve.

Lui c'était dans un cauchemar qu'il vivait. L'odeur de charogne qui montait de la terre, là-haut sur le front, imprégnait même sa mémoire, le cadavre de son ancienne existence.

Disparais ! lui disait son instinct. Fais-toi petit. Avec un peu de chance, la mort ne te verra pas. « Allez, plus vite. »

Sorel n'était pas décidée à capituler si facilement. Elle lui demanda son prénom.

L'obscurité avalait les façades, les trottoirs. Le silence donnait chair aux fantômes d'Antoine. Paris alors semblait un Eldorado. Il suffisait de rouler. L'or lumineux des cabarets charriait des femmes aux rires enivrants. « Plus vite, plus vite. » Le moteur de sa Renault, huit chevaux, deux cylindres, ronronnait docile. Il dévalait les pentes de Belleville ou de la Butte-aux-Cailles. La vitesse électrisait les filles.

Antoine, t'as l'air d'un homme bien. Souris un peu.

Le souvenir du parfum des femmes et les rêves de chair sous les froufrous de soie, les ajours qui laissaient entrevoir un bout de peau doux et chaud, désordres autrefois habituels, lui remontaient, le brûlaient.

Blanche sentait la défiance d'Antoine envers les exubérances de Sorel. Elle aussi les craignait. Comme lui, elle était habituée à se soumettre à la volonté des autres, Victor et ses menaces, Catherine et son boniment, les principes de Madeleine, les indications de Dreyfus. Malgré son enjouement, Sorel était de loin la plus redoutable.

Il se gara devant le perron de l'hôtel. Sorel posa sa main sur son bras.

Trrrop tôt pour se coucher !

Fursy poussa un cri d'approbation. L'actrice désigna l'horizon d'un geste théâtral.

Emmène-moi au bout du monde, Antoine.

Il se raidit.

Qui veut voir la neige ? reprit-elle.

Des hourras joyeux lui répondirent. Il protesta. Sorel joua l'implorante. Cette soirée l'avait assommée. Elle ne pourrait dormir sans un peu de beauté.

Antoine aurait pu la gifler, elle et les trois autres, leur coller une raclée pour leur apprendre ce qu'était la beauté au front. La vision de Delambre le retint.

Fursy affirma qu'il connaissait les rudiments de la conduite. Elle congédia Rivière. Ouste ! Descends ! monsieur le féal des nuits sans vie.

Antoine jeta un coup d'œil dans le rétroviseur.

L'expression de Blanche le surprit. Elle semblait comprendre son désarroi, vouloir s'en faire pardonner. Une brève connivence qui calma sa colère.

Vous aussi mademoiselle, vous souhaitez voir la neige ? risqua-t-il.

Sorel lui intima de répondre par l'affirmative. Fursy lui pinça le bras.

Elle murmura un oui timide aussitôt couvert par les acclamations.

Sitôt qu'ils gagnèrent la campagne environnante, leur gaieté s'évanouit. La nuit donnait aux villas un air de banlieue parisienne en décembre.

Antoine roula au ralenti, pendant un kilomètre, penché en avant pour essayer de deviner le tracé de la route. La voiture s'arrêta. Les phares éclairèrent une clairière enneigée.

Sorel descendit la première. Elle se planta dans la lumière.

Venez ! On va faire une statue de neige.

Blanche se tenait appuyée contre la portière.

Rivière, resté dans la voiture, sortit son paquet de cigarettes de la poche de sa capote. Il en alluma une, souffla sur l'allumette. Il tira une bouffée, serra sa clope entre le pouce et l'index, appuya son bras sur le volant. Il compta jusqu'à quatre, tira une autre bouffée. Il s'obligeait à retrouver ses gestes habituels. Seule la précision du rituel permettrait de conjurer la menace que représentait Sorel. Seine 2 B 5708. Il répéta plusieurs fois son matricule, gravé sur la plaque d'identité attachée à son poignet, comme un talisman. Au front, le danger venait toujours d'un pas d'écart, d'une soudaine envie. On devait se terrer. Survivre était une question d'habitude.

Antoine connaissait trop de gars qui étaient morts pour avoir voulu changer le cours de leur destinée. Renouart avait réussi à se faire muter à l'état-major. « Les transmissions c'est la planque. » Il se foutait d'eux en partant. « Quand les Boches vous bombarderont, vous penserez à moi, sur mon vélo, le nez au vent, en train de porter une dépêche... » Un obus de 380, qui peut tirer à quarante kilomètres, l'avait écrasé comme une crêpe, sur une petite route à l'arrière.

Dans la tête d'Antoine, ça n'arrêtait jamais. Il calculait. Toujours le même nombre de pas. Le même temps. À fumer. À boire. À traverser un boyau. Pareil. Tout pareil.

Il apprit à ne plus sentir, ni ressentir, juste la conscience quasi animale en alerte. Deviner un danger, le flairer pour durer, durer encore un peu. Des mois, puis des semaines, un jour, et enfin juste l'heure d'après. Seine 2 B 5708. Les efforts pour survivre étaient devenus si éreintants, aléatoires.

Camus, un matin après la remise du courrier, avait voulu lire la lettre de sa femme à l'écart. Fauché par un éclat de shrapnell ! Paul aussi avait failli y rester un jour qu'il s'était mis en tête de cueillir une primevère. Pas de désir, rien, rien. Faire le mort. Même les engueulades de Delambre, il fallait les subir sans broncher.

Une statue, mais de qui ? demanda Fursy.

Notre muse à tous ! s'enthousiasma Sorel. Notre chère Sarah !

Elle lui ordonna de faire une grosse boule de neige pour le corps. Dussane fut chargée de la tête.

Le hasard, c'est un truc de civil. Sorel était du genre à réveiller la mort.

Ils s'activèrent, courbés sur le sol blanc. La fumée de leur respiration témoignait de l'intensité de leurs efforts. La Mère la chaise ! Fursy répéta fièrement le surnom dont il affublait Sarah. Sorel était aux anges.

Va me chercher du bois... ordonna-t-elle à Blanche.

... pour faire sa jambe ! poursuivit Fursy.

Dussane poussa de petits cris horrifiés, amusés.

Blanche hésita à s'engager dans les taillis. Sorel fit signe à Rivière de l'accompagner.

Il descendit de voiture à contrecœur.

Ils s'enfoncèrent dans les sous-bois. La neige réverbérait les rayons de la lune. La blancheur effaçait le paysage. Un torrent de lait, pensa Blanche. Elle craignait à chaque pas de perdre une botte. Madeleine lui en avait trouvé une paire, une taille trop grande.

Les hêtres ployaient sous le lourd manteau. Le vent agitait leurs ramilles, tissus effilochés qui, par endroits, révélaient leur bois noir, brûlé par le gel. Des clochards aux vêtements rapiécés.

Il respirait fort. Elle aussi. Le froid rougissait leurs joues, donnant à Antoine un air soudain espiègle. Elle tremblait. Lui aussi.

Blanche lui indiqua un peu plus loin un amas de branches au pied d'un pin.

Il avait beau savoir qu'il n'y avait pas eu de combat dans la zone, il songeait aux gars restés là-haut, s'imaginait profaner leurs tombes. La montagne était un cimetière. Il redoutait d'y mourir. La neige avalait tout, le rendait fou. Il espérait que Paul se souviendrait de lui. C'était une chose qu'Antoine avait remarquée. Nos amis proches sont plus près de nous après leur mort que pendant leur vie. Apparaître de temps en temps dans la mémoire de Paul lui aurait suffi. Mais il savait que son souvenir resterait lié à cette putain de guerre. Paul n'aurait guère envie de s'en souvenir.

Il se mit à compter pour refaire le même nombre de pas au retour. Il compta aussi en ramassant le bois.

La chaleur s'échappait de son corps. Il connaissait son cheminement. Des heures passées en faction au front. Il suffisait de quelques mouvements des bras pour sentir une brève tiédeur se diffuser dans sa poitrine, s'évanouir. Il s'attacha à respirer le plus doucement possible pour éviter que l'air glacé ne lui déchire les poumons.

Le calme presque pesant impressionnait Blanche. La neige avait effacé les couleurs, englouti toute trace d'existence. De fins flocons descendaient sur eux avec lenteur. Blanc comme une chance à saisir. La tournée serait un succès. Qui sait? Elle se promit de mettre Dussane dans sa poche, d'entrer au conservatoire.

Une humidité glacée pénétrait le cuir de ses bottes, gagnait ses orteils. Elle était seule. Les battements de son cœur résonnaient dans ses oreilles. En face d'elle, les pins au tronc haut se serraient les coudes, l'invitaient à disparaître.

Une envie irrépressible de se sentir en vie la submergea. De défier ce silence austère, comme tous les membres de cette tournée. Elle se pencha, ôta sa moufle. Ses doigts se rétractèrent au contact de la neige.

Antoine s'imposait un rythme. Une flexion, une branche. Il en avait déniché une toute droite qui aurait fait une bonne canne. Il y avait un gars à la section qui savait les tailler, de vraies œuvres d'art. On pouvait lui demander ce qu'on voulait. À condition que ce ne soit pas une femme. Il en avait trop modelé. Ça lui tournait le sang à force de l'exciter.

Un projectile vint s'écraser contre sa nuque, juste au-dessus du col de sa capote. Une brusque sensation de froid l'irradia, pénêtra sous sa veste d'uniforme, son maillot de corps. Il se retourna.

Blanche l'invita à riposter, une bataille de boules de neige. Le duvet fin, velouté, savoureux de ses joues rondes lui donnait une beauté de Madone. Un fourmillement agréable lui parcourut le haut des cuisses, hérissa les poils de ses bras.

La vivacité de sa réaction l'effraya. Il avait suffi du sourire de cette fille pour faire remonter ce qu'il s'employait à enfouir depuis des mois. Un danger plus grand encore que les extravagances de Sorel. Il vacilla sous la surprise.

Ses bras lâchèrent les branches qui tombèrent sur le sol en un bruit mat.

Blanche se planta à quelques mètres devant lui, façonna une nouvelle boule. Elle le visa, fit mine de tirer. Il l'ignora, se baissa pour ramasser son bois.

La jeune femme crut qu'il s'était enfin décidé. Elle courut en direction des pins. Une botte resta coincée dans la neige. Blanche fit de grands moulinets avec ses bras, s'étala de tout son long.

Il rit.

Il rit, doucement d'abord, puis de plus en plus fort. Non pas le raclement de gorge qui accompagnait les blagues grivoises de la section. Un rire de gorge franc, sonore, rendu encore plus clair par l'air vif.

Le rire trahit le caractère, Blanche l'avait lu quelque part, ou peut-être un personnage qu'elle avait joué disait ça. En tout cas, elle le croyait. Celui de Marthe était une sorte d'expectoration, comme si elle en gardait le contrôle, désagréable. Celui de Catherine saccadé ressemblait à ses cris lorsqu'elle simulait avec un client. Madeleine pouffait en silence.

Le rire d'Antoine était chaud, réconfortant. Elle lui trouvait une pointe de tristesse aussi. Il avait dû se frayer un chemin à travers son mutisme entêté, sa colère — elle la devinait sans la comprendre —, forcer ses lèvres avant d'éclater.

Il s'approcha. Elle avait les cheveux en désordre, des mèches sur les yeux, de la neige autour des lèvres. Il l'aida à se relever, chassa les flocons de son visage.

Une lumière argentée cilla soudain dans le ciel, bientôt suivie par un battement assourdi. Elle l'interrogea du regard. Verdun, lâcha-t-il. Les lueurs haletaient au ras de l'horizon, éclairaient par intermittence le visage d'Antoine, renfermé.

Presque aussitôt, une chouette ou un hibou hulula, comme en écho à la canonnade lointaine. Il y avait dans ce chant une mélancolie rebelle, qui surprit

Antoine. Il aurait voulu que Paul soit là pour l'entendre aussi.

Blanche s'abandonnait au froid qui lui remontait par les jambes avec un sentiment presque agréable qui l'étonnait. La pointe de ses genoux, le pli à l'arrière, l'intérieur de ses cuisses, tout son être se fractionnait en une myriade de douces courbatures. Comme une caresse.

La sensation de solitude avait disparu. Les érables se tenaient en arrière, spectateurs, attentifs, bienveillants. Seuls les pins morganatiques à l'écorce écailleuse conservaient un abord presque douloureux. Le paysage ressemblait à un de ces contes appris à l'école.

Blanche prit le bras d'Antoine. Il sursauta. Elle pouvait sentir le tressaillement, bref, régulier, de ses muscles. Une agitation que contredisait son air impassible.

Son comportement la déroutait. Elle ne l'intéressait pas, il n'en voulait pas à son cul — pas même un regard ambigu, une pointe de gêne. Rien à voir avec le capitaine Delambre. Chez lui, l'assaut était franc. Antoine ne la remarquait pas.

Elle avait d'abord cru qu'il était un de ces êtres dont l'existence se passe dans la crainte, incapables de s'opposer, tout juste de maronner. Son rire trahissait une chaleur, une vigueur. Plusieurs hommes se terraient en lui. Il y avait le soldat à l'œil sans éclat, les lèvres serrées, le visage anonyme qui ne laissait aucune impression. Il y avait le type buté, méfiant, face à Sorel, les pommettes remontées, à la dureté presque méchante. Et aussi le chauffeur dont le plaisir de conduire galbait les joues, faisait naître deux plis légers autour de sa bouche.

Malgré l'épaisseur de leurs manteaux et la moufle fourrée de Blanche, Antoine sentait la pression des doigts de la jeune femme.

Le hululement se poursuivait. Un frisson, doux et triste, se propagea dans le corps d'Antoine, épousa sa peine. Une tendresse presque fraternelle, entre compagnons de misère.

C'était la première fois qu'il voyait le paysage, sans en craindre le danger. Les arbres debout, dans toute leur vigueur, montaient à l'assaut des pentes creusées de tranchées. Ils reprendraient possession des lieux, leur floraison surgirait des entrailles, terre et cadavres mêlés. Les morts, devenus pins, charmes, épicéas, le proclameraient. Il faudrait continuer à vivre, après. Le chant du hibou ou de la chouette — Paul aurait pu lui dire le nom du rapace —, le lui soufflait. Un matin, puis un soir sans guerre, et d'autres jours après. Après. L'oiseau lui susurrait. Il y aurait à nouveau des théâtres, des cabarets, des clients pressés, des hommes et des femmes qui voudraient faire la fête, des taxis qui dévaleraient les pentes de Montmartre, avaleraient les boulevards. Antoine se refusait à y penser.

Blanche s'appuya plus fortement contre son bras. Il absorbait le poids de son corps, l'enveloppait. Était-ce sa force tout en souplesse, ou le spectacle apaisant de la neige, il lui inspirait une confiance naïve. Elle eut la tentation d'abandonner sa tête contre son épaule. Dans cette tournée où elle ne pouvait se fier à personne, il lui apparaissait comme un havre.

Deux rangées de hêtres formaient un vaste arc de cercle devant eux. En arrière la silhouette des sapins surplombait la colline, pareille aux lourds rideaux prêts à se lever aux trois coups. Au milieu, un talus, qui rejoignait la clairière en pente douce, ressemblait à une scène.

La lune cachée par les nuages réapparut. Ses rayons descendirent sur les arbres en un mouvement diagonal. Blanche était fascinée par la douceur de ce décor. Le théâtre des rêves. Le froid gagnait son ventre, ses hanches, avec la tendresse d'une invitation à s'oublier.

Lui aussi aurait voulu que ça dure longtemps. La pression de la main de Blanche irradiait dans tout son corps, une chaleur oubliée, apaisante.

Il était comme le dormeur qui s'épuise à semer un poursuivant, attraper un objet — les choses par un entêtant sortilège lui échappent. Le hibou s'était tu. Il était certain qu'il n'avait plus sa place dans ce monde, et pourtant, l'étreinte de Blanche lui murmurait qu'il n'en était rien. Le silence ouaté le submergeait. Comment avait-il pu croire qu'il était possible de tout effacer ? Il découvrait, amertume et consolation mêlées, l'étendue de sa mémoire. De véritables décharges, ses vies anciennes se réveillaient. Le cœur lui sonnait contre les côtes.

Il était un Indien mené par ses rêves anciens.

La voix lointaine de Sorel appelait Blanche.

Il ne discernait que son nez, une partie de ses joues au-delà de l'étole qui emmitouflait son visage. Il entendait sa respiration. Régulière. Profonde. Une mèche pendait le long de sa tempe. S'il avait osé, il lui aurait glissé doucement derrière l'oreille. Elle débordait d'une vie qu'il ne connaissait plus, menaçante. Blanche crut voir passer dans son regard un bref reproche.

Juste avant d'atteindre la clairière, elle lui lâcha le bras. Il remonta son col de capote, alluma une cigarette. Tira une bouffée. Compta jusqu'à quatre.

Lorsque la voiture se gara devant l'hôtel, Delambre bondit hors du hall.

Je vous fous au trou ! hurla-t-il à Rivière. Il n'est rien arrivé générrral, plaisanta Sorel.

Une autre fois, une telle bêtise pourrait coûter une vie, ou plusieurs.

Il lança un œil mauvais à Blanche. Il la soupçonnait d'on ne sait quelle trahison. Il ordonna à un soldat de conduire Rivière à la caserne où le sergent le mettrait aux arrêts.

La lueur dure de la lanterne au-dessus de la porte soulignait les traits d'Antoine redevenus atones. Elle crut déceler, se demanda si elle l'avait imaginé, une pointe de soulagement dans ses yeux. Elle ne le comprenait décidément pas — il ressemblait aux pans moirés d'une étoffe, dont la couleur ondule avec la lumière.

Delambre offrit son bras à Blanche.

Il l'arrêta quand elle voulut plaider la cause de Rivière.

Je n'ai pas de conseil à vous donner quand vous montez sur scène. Souffrez que je n'en accepte pas non plus quand je conduis la guerre, lâcha-t-il en un suprême effort pour retrouver une expression galante.

Un sifflement bref.

Antoine s'approcha de la fenêtre de sa cellule. La tête de Paul apparut à travers les barreaux.

Delambre t'a drôlement dans le pif...

Le capitaine n'avait jamais réussi à se faire apprécier de ses hommes. Il punissait la moindre entorse vestimentaire chez ses subordonnés, un foulard, des guêtres pour se protéger du froid. Il tenait à leur rappeler qu'il était un officier de carrière. Pas un civil déguisé en gradé. Il méprisait tous les employés, les ouvriers qui composaient l'essentiel de sa troupe.

Je suis allé le voir pour essayer de plaider ta cause. J'ai eu beau insister, la vache a rien voulu savoir. Il a fini par me menacer de me foutre aussi au trou. Les deux font la paire qu'il a rigolé, ce con.

Je suis aussi bien là que dehors, lui assura Antoine.

Il a convoqué le sergent Bedel pour monter un dossier. Il a même parlé de cour martiale...

De cour martiale...?

Le mot les effraya.

Ils avaient passé des heures dans l'abri là-haut, sur leur lit, à imaginer comment faire disparaître le capitaine à la faveur d'un assaut. Une balle perdue, un coup de baïonnette, une grenade.

Delambre affirme qu'emmener des civils dans une zone militaire est un acte d'une extrême gravité...

Qu'est-ce qu'il voulait que je fasse? Antoine plaida sa cause. Elles voulaient voir la neige...

Une humidité froide suintait des murs blanchis à la chaux, imprégnait son uniforme. Seine 2 B 5708. Il se répéta son matricule, s'en berça pour calmer sa peur.

Depuis l'arrivée des comédiennes, tout allait de travers. Il y avait d'abord eu son rodéo dans la cour de la caserne. Il ne savait pas ce qui lui avait pris de ridiculiser Delambre devant la section. L'émotion de conduire à nouveau, un bref retour dans le passé quand il s'amusait à zigzaguer entre les voitures. Il pesta. Quelque chose au fond de lui continuait de battre à son insu, lui faisait peur.

On pourrait leur demander de témoigner en ta faveur. Elles diraient qu'elles t'ont forcé.

Antoine grommela.

Pourtant je suis sûr que même à Paname, elles n'ont jamais eu un aussi bon chauffeur, insista Paul.

Il enchaîna quelques remarques grivoises sur Sorel. Antoine s'en étonna. Lorsque les gars de la section balançaient des plaisanteries obscènes, Paul rougissait. Antoine devina qu'il essayait de lui changer les idées.

En quelques mois, ils étaient devenus les deux meilleurs amis. Ils n'avaient rien en commun, mais une fraternité indestructible les liait.

Ils s'étaient rencontrés un an plus tôt. Une batterie boche prenait sous son feu une compagnie de muletiers.

Un obus, puis un autre, et encore un autre. Une averse sans fin soulevait la terre en gerbes de fumée. Les ânes devant eux étaient pulvérisés. Antoine avait plongé dans le premier abri. Chaque explosion convulsait les lourds étais, faisait pleuvoir des débris du plafond. Deux hommes s'y étaient mis à couvert. Le plus vieux des deux, assis au fond, paraissait calme. Un flash avait frappé Antoine. On va finir enterrés vivants ! Il avait jeté un regard terrorisé au second soldat. Ils s'étaient précipités dehors au moment où un obus avait écrasé leur refuge. L'autre avait expliqué à Antoine que les Indiens de l'Arizona croyaient aux prémonitions. Des messages envoyés par les dieux. Antoine en avait oublié le danger. Moi c'est Paul. Ils ne s'étaient plus jamais quittés.

Antoine s'allongea sur sa paillasse. Paul s'assit sous la fenêtre.

Leur conversation revint sur Sorel. La garce ! râla Antoine. Elle attirait la malchance sur tous ceux qui l'approchaient.

Il entendit de l'autre côté du mur son ami ricaner.

Et la blonde... ? Il cherchait son nom.

Antoine ne voyait pas.

Celle qui t'a fait venir dans sa chambre...

Ah celle-là, feignit-il de comprendre. Blanche...

Antoine hésita à raconter leur escapade dans la neige. Se ravisa. Il remonta sa couverture. Le froid était presque doux, pénétrant lentement son corps.

Un rat se glissa entre les pieds de la table. Antoine l'observa sans bouger traverser la cellule, s'engouffrer dans un trou. Seine 2 B 5708, se rassura-t-il.

Peut-être Delambre se sera calmé d'ici demain...

Ils s'abandonnaient tous les deux à la fatalité. Antoine dans l'espoir de se faire oublier par le destin.

Paul lui s'y livrait avec insouciance. Tout était écrit. Il en acceptait la sentence.

La petite forêt de chênes située en contrebas était devenue son domaine. Antoine, comme toute la section, ne s'y aventurait jamais. Les Allemands arrosaient régulièrement le bois.

Paul y posait des collets, attrapait des lapins, parfois même un renard. Dès la fin de l'hiver, il cueillait des framboises, des mûres sauvages et même les baies rouges des sorbiers dont il faisait des confitures. Il négociait avec le cuistot du régiment un peu de sucre contre son tabac.

Comment est le ciel ? demanda Antoine.

Plein d'étoiles.

Sa connaissance de la faune et de la flore rassurait Antoine. Il lui donnait l'impression que dans ce coin perdu des Vosges, il existait un ordre aussi qui luttait contre la destruction, les obus. Là où pour Antoine tout était flou, indistinct, un arbre, une fleur, un taillis, Paul voyait des noms, des présences.

T'es pas près d'avoir une permission... ricana Paul.

Antoine soupira.

Il n'avait plus personne à Paris. Un mois après le début de la guerre, son père s'était fait renverser par un tramway. Il n'avait pas eu le droit d'assister à son enterrement. À cette époque, les soldats ne pouvaient pas quitter le front, même pour se marier. C'était avant l'offensive sur le Vieil-Armand. Antoine croyait encore qu'il s'en sortirait. Sa mère était morte neuf mois plus tard. Dans ses lettres, elle détaillait les moindres petits faits de son quotidien. Chaque mot rappelait à Antoine une image, une odeur, et avec elles la certitude que quelque part, dans le petit appartement familial, au 10 de la rue de Paradis, le monde qu'il avait connu continuait à battre. Sa mère disparue, il sut que rien ne survivrait.

Blanche, répéta Paul. Je suis sûr que c'est une fille comme elle qu'il te faudrait...

De la paille sortait par endroits des trous de la paillasse. Des pointes perçaient la toile du pantalon d'Antoine, picotaient ses jambes.

Me dis pas que ça t'a pas traversé l'esprit...

Antoine se releva de sa couchette, poussa un grognement de réprobation.

L'idée ne lui en était même pas venue. C'était autre chose qu'il conservait en mémoire. Un moment volé à la guerre, le premier depuis qu'il était sur le front des Vosges. Sans peur.

Remarque, elle a l'air d'en pincer aussi pour Delambre, commenta Paul.

Antoine haussa les épaules. Qu'est-ce que tu veux que ça me foute...

Les Cheyennes interdisent à leurs femmes de manger des oiseaux. Ils disent que manger de l'oiseau rend volage...

Il essaya d'étouffer le bruit de son rire.

La passion de Paul pour les Indiens lui était venue à force d'écouter les souvenirs de son patron. Il avait vécu au Texas quelques années avant d'ouvrir une herboristerie à Paris. Depuis Paul espérait avoir assez d'argent pour voyager jusqu'en Amérique. Ils savent vivre en harmonie avec la terre et les bêtes, assurait-il.

Antoine n'en avait jamais parlé à Paul, par crainte d'attirer la poisse, mais il songeait secrètement à l'accompagner là-bas. Pour savoir comment ils se débrouillaient avec leurs rêves.

La vision de Delambre le coupa net dans ses pensées. En cour martiale... Merde quand même, c'est pas comme si j'avais trahi ou volé...

Il se rappela Gousset, leur ancien sergent. Il se portait volontaire pour ramener les morts abandonnés dans le *no man's land*. On avait fini par découvrir qu'il les détroussait. La section avait failli le lyncher. Il était passé en cour martiale. Condamné à quinze ans de taule et aussitôt envoyé dans un bataillon disciplinaire. En première ligne. Bon pour toutes les missions suicides.

Raconte-moi encore le taxi... Paul rechigna. Il revenait d'une permission de dix jours à Paris. — T'es sûr ? Antoine voulait entendre à nouveau l'histoire. Pour aller voir sa sœur, Paul avait pris un taxi depuis la gare de l'Est. 105 rue de Vaugirard. Il s'était engouffré dans la voiture sans prêter attention au chauffeur. Ok c'est parti. La voix qui lui avait répondu était celle d'une femme, la trentaine, les traits lourds, un peu vulgaires. Il avait scruté le rétroviseur pour en être certain. — Elle conduisait comment ? Antoine désirait tout savoir. — Sans à-coups. — Et le moteur ? Elle le faisait pas trop souffrir ? — Il ronronnait comme un petit chat. Elle a pris par la rue de Richelieu, a traversé la Seine au pont des Arts... Antoine se remémorait le trajet. — Elle aurait pu aussi passer par la rue Saint-Martin. — Ça roulait mieux sur les grands boulevards. Antoine acquiesça en connaisseur. — Elle s'est garée tout en souplesse. Quand elle a vu mon uniforme, elle a même refusé mon pourboire. Pas de ça avec ceux qui donnent leur vie pour le pays, qu'elle m'a dit.

Le froid atteignait les replis de sa peau, qu'il colonisa avec méthode. L'engourdissement se propageait par cercles, descendait vers son sexe, remontait le long de ses épaules, éteignait peu à peu ses pensées. Le monde se débrouillait sans lui, même mieux peut-être, pensa Antoine.

Il pouvait presque entendre le souffle de son ami. Il était persuadé qu'à eux deux ils établissaient une sorte d'équilibre qui les prémunissaient du hasard.

S'il t'envoie en cour martiale, je lui casse la gueule, conclut Paul. Comme ça, on ira ensemble au bataillon disciplinaire.

Béatrix Dussane était en retard.

Blanche l'attendait au restaurant de l'hôtel.

Les journalistes occupaient plusieurs tables dans le fond. Fursy questionnait le type de *Je sais tout* sur son Kodak. Assis près de l'entrée, des officiers buvaient leur café, parlaient fort. Régulièrement, un soldat leur apportait une dépêche.

Blanche poussa un soupir désappointé. Chacun ici semblait connaître sa partition. Elle n'était plus sûre de rien, encore moins de la jeune fille un peu godiche qu'elle comptait jouer auprès de Dussane. L'autre lui paraissait trop finaude. Ce rendez-vous, son retard, tout indiquait qu'elle mijotait un coup bas. Jusqu'au choix de ce lieu. Il lui fallait un public pour que l'humiliation soit complète.

Blanche se réfugia dans le souvenir de la virée de la veille — Antoine, son bras à l'étoffe bleue, replié, la soutenait. Une autre image la remplaça aussitôt. Barbe naissante, veste d'uniforme déboutonnée, Antoine scrutait le ciel à travers les barreaux de sa cellule. Elle se reprit. Ce n'était pas le moment de se laisser distraire.

Dussane arriva au bout de vingt minutes, ne prit pas la peine de s'excuser.

Elle la coupa dès le premier vers.

Tutututt. Il faut respecter l'alexandrin. Faites-le vivre sans le briser. Dussane agitait le doigt à la façon d'un métronome. Les serveuses aboyaient les commandes aux cuisines. Les répliques de Blanche se perdaient dans le bruit des bavardages. Le journaliste de *Je sais tout* avait calé son Kodak sur un trépied. Il faisait se resserrer ses collègues sur la banquette, Fursy au milieu. Blanche descendit dans les graves. Tutututt. De la solennité, de l'emphase. Avec mesure. Blanche détacha les syllabes. Elle... Tutututt.

Dussane lui arracha le texte, s'éclaircit la gorge. Sa voix insufflait une musique majestueuse aux maigres alexandrins. Elle voulait une capitulation sans conditions. Danser dans les chaînes, comme disait Nietzsche. Voilà le secret.

Les conversations s'arrêtèrent. Vêtue d'une simple blouse blanche, Cécile Sorel venait de faire son entrée. Elle saisit les pans de sa jupe, salua les officiers, les journalistes en une révérence espiègle. Ma tenue de guerrrre ! Elle se joignit aux deux comédiennes, survola le texte de Blanche. Elle s'arrêtait parfois sur un vers, un mot dont elle se délectait. Elle se leva, réclama le silence. Elle ferma les yeux, inspira. Lorsqu'elle les rouvrit, ils brillaient d'un éclat noir, habités par une force mystérieuse.

Elle entama sa tirade. Là où Dussane coulait les vers dans une musique, en un ordre harmonieux, Sorel inventait des césures à sa convenance, tenait la note comme une cantatrice. L'envoûtement peu à peu agissait. Les serveuses se figeaient en sortant des cuisines.

Sous les rodomontades rococos, perçait la sincérité — Sorel s'apeurait de son salut, de la vanité de ses caprices.

Elle avait commencé dans ce théâtre léger qui fait les renommées sulfureuses, comme Blanche. Qui la voulait alors pouvait l'acheter. Elle se faisait gloire des hommes qui se ruinaient pour elle. Elle réussit à se faire embaucher par la Comédie-Française. Elle voulait vivre en princesse d'Ancien Régime. Elle y aspirait avec une telle intensité, qu'elle en atteignait, par son obsession même à y parvenir, une certaine grandeur. Son éducation religieuse la plongeait dans un mysticisme inquiet — elle affichait une piété austère mais, incorrigible coquette, elle avait fait sertir sa croix de diamants.

Sorel se retira sous les applaudissements, un cadeau à mes chérrris !

Dussane essaya de reprendre. Elle aurait voulu expliquer à Blanche. Aucun admirateur n'avait dépensé sa fortune pour elle. Si l'on veut durer, il n'y a que le travail qui compte. Un travail acharné, sans répit. Elle espérait que ça lui permettrait un jour de devenir sociétaire.

Elle revint soudain à elle. Son sourire inquiéta Blanche. Vous n'aurez pas à vous produire ce soir. Inutile de vous faire ridiculiser en public. On va supprimer vos répliques.

Blanche encaissa. L'autre avait bien préparé son coup. Blanche ne lui en voulut pas vraiment. Elle éprouva même un certain soulagement. Son ambition se limitait à ce que les spectateurs ne voient plus en elle une jeune femme de Belleville qui court le cachet, mais une épouse, une domestique, une maîtresse qui déroulent leur existence sans façon sur la scène. Elle fuyait avec l'ardeur de celles qui ne veulent pas ressembler à leur mère.

La lutte était finie. Dussane n'avait plus rien à craindre de Blanche. Elle serait avec elle comme avec les autres comédiennes, la bonne camarade, spirituelle et gaie.

Pour preuve de leur nouvelle amitié, elle lui rapporta la rumeur qui courait sur Sarah Bernhardt. Elle aurait convaincu le général de Villaret de la conduire jusqu'au front. Dussane prit un ton horrifié. À croire que les Boches n'ont pas osé priver le monde d'un tel génie. Ils n'auraient pas tiré un seul coup de fusil, une seule rafale de mitrailleuse tout le temps qu'elle était dans la tranchée !

Elle se fendit de quelques mots affables sur le capitaine Delambre. Un parti des plus respectables, conclut-elle, une lueur enjouée dans les yeux.

Le capitaine fit son apparition dans la salle. Blanche croisa son regard, rougit. Il était accompagné par son colonel. Derrière eux, Léon et Dreyfus qui allongeaient le pas pour ne pas les perdre. Ils prirent place à l'écart.

Le colonel invita les deux femmes à les rejoindre.

Il alluma une cigarette, tira deux bouffées, l'écrasa dans le cendrier.

Nous désirions vous voir au sujet de la représentation de ce soir, n'est-ce pas. Il s'arrêta. Delambre poursuivit. Le général de Villaret est aussi désireux que l'état-major et les artistes que tout se passe pour le mieux.

Seulement... le capitaine soupira. Nous sommes sur le front.

En première ligne précisa le colonel.

L'embarras renforçait la rudesse des traits de Delambre. Il n'avait pas l'habitude de tergiverser. Le visage de Victor, les joues contractées qui aiguisaient ses pommettes, se superposa à celui du capitaine. Blanche fut frappée par la ressemblance, attirée, figée par cette force qui cognait dans la poitrine de Delambre, prête à s'en échapper.

Le poilu comme vous l'appelez à l'arrière sait quel est son devoir.

Le capitaine ôta son képi, jeta ses gants dedans. Dussane lui offrait le regard fixe qu'elle réservait aux cérémonies officielles.

Il n'a pas besoin qu'on le lui rappelle, n'est-ce pas... ajouta le colonel.

Ils risquent de se braquer si d'autres leur prodiguent le même discours... Le ton de Delambre se fit cassant, pressé d'en finir. Chacun son métier. La guerre aux militaires, l'art aux artistes.

La moustache de son supérieur appuya ses propos.

Exactement ça. Le plan de bataille aux officiers, le plan de table à leurs épouses.

Son rire embarrassa les autres. Dussane demanda en quoi ils étaient concernés. Le colonel adressa un signe à Delambre. Le capitaine sortit une feuille de sa poche, chaussa ses lunettes. Elles donnaient une touche de fragilité à ce visage massif, qui plut à Blanche.

En conséquence de quoi, le général de Villaret ordonne. Il lisait les yeux rivés à son papier. Premièrement. Qu'actrices et acteurs s'abstinssent de clamer des exhortations héroïques ou des fanfaronnades tant soit peu déclamatoires.

Il releva la tête, observa ses interlocuteurs.

Le général demandait, enfin enjoignait à mesdames et messieurs les comédiens de renoncer à jouer *Les Cathédrales*. D'après ce qu'on lui en avait rapporté, il s'agissait d'un long poème patriotique.

Dussane n'y voyait pas d'inconvénient. Il faudrait simplement en convaincre Sarah Bernhardt qui tenait énormément à cette pièce. Les officiers échangèrent une grimace contrariée.

Blanche se figura dans la peau de l'épouse du capitaine. De garnison en garnison, à mesure de l'avancement de sa carrière. Il finirait colonel, pourquoi pas général ? Madame la générale Delambre. Des officiers sous les ordres de son mari lui présenteraient leurs hommages. Leurs épouses formeraient une petite cour autour d'elle, dans l'espoir d'obtenir ses bonnes grâces. Les invités murmureraient sur son passé sulfureux. Comédienne ? Oui, dans le théâtre léger. Elle se délectait d'avance de ces médisances, le privilège des femmes enviées.

Dussane suggéra que le général écrive lui-même à l'actrice pour lui expliquer sa décision, et si possible avec un bouquet de fleurs... Le colonel accueillit avec enthousiasme la suggestion.

Nous improviserons quelques chansons à la place. À la guerre comme à la guerre ! conclut Dussane.

Delambre se risqua à proposer que Blanche prît part à ce récital. Il était certain qu'elle avait une voix charmante. Une vive rougeur passa comme un nuage sur son front. Il se tourna vers le colonel, quêta son soutien. L'autre mit quelques secondes à réagir. Excellente idée ! Nos hommes adorent le chant, n'est-ce pas, bien plus que le théâtre.

Plus encore que le théâtre, corrigea Delambre.

Les deux officiers vantèrent les mérites des bonnes chansons populaires, que les soldats pourraient reprendre en chœur.

Et l'autre point? demanda Blanche. L'ordre du général commençait par un « premièrement »...

Le colonel, enhardi par ce premier succès, donna un discret coup de coude à son subordonné.

Deuxièmement... reprit Delambre, que les acteurs fussent d'âge à appartenir au moins à la Territoriale, ou bien d'une complexion physique qui les condamne à effectuer un service auxiliaire...

Les regards se tournèrent vers Léon.

Sous peine de se voir interdire le droit de se produire sur la scène du théâtre aux armées... Le capitaine enleva ses lunettes. En clair, le général exige que monsieur ici présent — il désigna Léon — regagne Paris dans les plus brefs délais.

Le général craint la colère des soldats, n'est-ce pas.

D'une pâleur extrême, Léon bondit de sa chaise. Il n'avait pas peur de ses frères d'armes, encore moins des Boches...

Je connais mes hommes, affirma Delambre, le regard noir. Ils risquent de tout casser...

Ils ne supportent pas les embusqués...

Moi un embusqué...? s'emporta Léon. Sa voix vira dans les aigus. Sa colère s'éteignit en une pleurnicherie.

L'ordre du général est sans appel. Et immédiatement exécutoire. Une voiture vous attend. Il y a un train à midi à Épinal.

La bouche de Dreyfus s'entrouvrait en un petit chuintement, comme un poisson hors de l'eau.

Nous sommes désolés, mademoiselle Beaulieu, de vous voir faire les frais de la situation, s'excusa le colonel. Peut-être souhaitez-vous aussi rentrer?

Blanche n'avait pas bougé. Dans sa tête, la situation se dévoilait scène par scène. La fin de la tournée. Le retour à Paris. Tout défilait en s'accélérant. Madeleine lui apparut. Puis la lampe de sa chambre d'hôtel, sa lumière crue, qu'elle fixait pour mémoriser son texte. Les coupures de journaux aux murs du salon de Dreyfus. Le porto. Elle ne savait même pas où elle irait.

Puis-je me permettre de vous suggérer de rester malgré tout, risqua Delambre, et de nous gratifier du tour de chant que nous évoquions tout à l'heure?...

Le flux d'images se ralentit, se fixa. Son cœur s'était arrêté une seconde, pas même un quart de seconde, avant de redémarrer. Un emballement. Il cognait comme s'il voulait s'arracher de sa poitrine. La douleur lui avait coupé le souffle. Le bras replié de l'homme accueillait le poids du corps de la jeune fille. Sa main pendait nonchalante. Sa chevalière à l'auriculaire. Un A gravé dessus. Elle s'était laissé porter par ses jambes, avait tourné dans la rue Sorbier. Un gamin jouait sur le trottoir, une femme à sa fenêtre l'appelait. La netteté du souvenir la surprit. Elle n'y avait jamais repensé. Armand l'avait trahie, et personne ne semblait le voir.

Elle ne voulait pas céder aux larmes.

Le colonel se redressa sur sa chaise, soulagé que sa corvée s'achève.

Qui a dit que la pièce était annulée... lança Blanche avec défi.

Cette fois-ci, elle ne voulait pas abandonner, se résigner. Ni Armand, ni Victor, ni même Delambre, aucun homme ne lui dicterait sa conduite.

Le colonel tressauta. Mais comment... je croyais... Il se tourna vers Delambre en quête d'une aide. Vous ne pouvez pas... vous... enfin mademoiselle Beaulieu, vous voilà sans partenaire...

Le corps de Blanche était dur, insensible.

Le personnage de Léon était purement de la figuration. Elle pouvait bien le dire maintenant. Un rôle à la portée de n'importe qui.

J'ai une idée. Qui je crois vous séduira, colonel.

L'officier se rengorgea.

Si je peux rendre service à une jolie femme, n'est-ce pas.

Le rôle de Léon est un rôle muet. J'ai besoin d'un remplaçant. Il me faut un homme... Elle toisa le colonel. Et ma foi, des hommes il n'en manque pas ici...

Vous voulez dire un soldat...

Elle hocha la tête.

Et je sais même lequel, colonel, si vous permettez.

Les flocons épuraient son profil. L'arête de son nez, droite, son front droit lui aussi, ses pommettes hautes lui donnaient une harmonie régulière, un de ces visages aux traits nets et simples, qui font les jeunes premiers.

Le colonel intrigué la laissa continuer. Un sourire s'esquissa sur les lèvres de Delambre.

Le soldat Antoine Rivière !

Le capitaine, abasourdi, tenta d'afficher un air détaché.

C'est impossible, mon colonel, il est aux arrêts depuis hier soir.

Blanche poursuivit. La veille, le soldat Rivière l'avait aidée au cours d'une séance de répétition où il avait tenu précisément le rôle de Léon.

Dussane sortit de son silence. Cela fera plaisir aux hommes. L'un d'eux sur scène. Quel plus beau message que de leur montrer que nous partageons le même sort.

Le colonel manifestait un intérêt grandissant.

Et vous dites qu'il connaît un peu le rôle... ?

On ne peut lever la punition de Rivière sans perdre toute autorité, plaida Delambre.

Balivernes, siffla le colonel, l'intérêt du régiment d'abord. Et puis nous savons vous et moi, il baissa la voix, les hommes n'ont plus peur de quelques jours de taule, vu ce qui les attend là-haut.

Delambre se redressa au garde-à-vous.

Dans ce cas-là, je me porte volontaire.

Vous Delambre ? Mais vous ne connaissez rien au théâtre... ?

Pas plus que le soldat Rivière, rétorqua-t-il.

Le colonel hésitait.

De quoi parle la pièce ?

Un mari à qui sa femme fait une scène, résuma Dreyfus. Du début à la fin, il ne peut placer un mot pour se défendre.

Les soldats vont encore dire que tous les bons coups sont pour les officiers... argumenta Blanche, d'un ton charmeur.

Le visage du vieil officier s'empourpra. Il n'était pas convenable que l'on puisse colporter de telles insanités à l'arrière. Il ordonna à Delambre de sortir Rivière de prison.

Il se leva, enchanté en pensant au compte rendu qu'il ferait à l'heure du déjeuner au général de Villaret. Il lui expliquerait l'idée qu'il venait d'avoir. Bon pour le moral des troupes. Mais Villaret aussi allait sans doute la trouver excellente, la faire sienne.

Il aperçut les journalistes au fond de la salle.

Si vous voulez bien m'excuser, j'ai une communication de la plus haute importance à faire à la presse...

L'état-major tenait à envoyer les artistes dans les quelques arpents d'Alsace reconquis au tout début de la guerre.

Voici vos permis de circulation, expliqua Delambre, ainsi qu'une autorisation pour tous les lieux où vous vous produirez aujourd'hui, selon le programme établi par mes soins.

Les artistes devraient présenter leurs papiers, chaque fois, à l'officier responsable, sous peine de se voir arrêter. Il ne quittait pas des yeux Blanche. Ici, elle était en son pouvoir. Il poussa plus avant son manège. Il leur fit remettre des masques à gaz dans une petite boîte kaki.

Les comédiennes s'alarmèrent. Il se fit protecteur. Simple mesure de précaution. Avec les Boches on ne sait jamais.

Satisfait de son effet, il s'écarta. Antoine apparut derrière lui au garde-à-vous.

Je vous rends votre chauffeur, railla l'officier. Pardon, votre acteur...

Il ne put résister au plaisir de raconter comment Rivière avait accueilli l'annonce de sa libération. Cet énergumène a refusé de monter sur scène. Il a dit, je cite, qu'il préférait purger sa peine. Blanche dévisagea Antoine dans l'espoir de déceler une excuse, un regret. Son regard éteint lui mordit le cœur. Sorel gloussa. Tu ne veux pas brrrrûler les planches mon petit soldat ! Il a fallu le menacer de le renvoyer au front pour qu'il cède, brocarda Delambre.

Il consulta sa montre.

En voiture !

Les routes ressemblaient à des tranchées creusées au milieu de la neige. Le ciel gris argile accentuait encore l'impression qu'une menace planait.

Ils durent faire halte dans un petit village. Une des voitures était en panne. Les chauffeurs se rassemblèrent autour du capot relevé. Delambre éructait. Le convoi allait prendre du retard. Il scruta les maisons alentour, obstinément closes.

Les comédiennes se promenèrent dans les rues avoisinantes. Leurs talons hauts résonnaient clair sur les trottoirs. Y'a quelqu'un ? hélait Sorel amusée. Elles devinaient aux rideaux qui retombaient à leur passage la présence épieuse des villageois.

Sur la place de l'église, un gendarme leur ordonna de présenter leurs papiers, les examina perplexe. Aucune troupe de théâtre n'avait été annoncée. Je suis Cécile Sorrrel, de la Comédie-Française. La diction étrange de l'actrice renforça la méfiance du brigadier. Une femme à sa fenêtre lui gueula que c'étaient des espionnes ! Il dégaina son pistolet. Allez ouste, au poste !

Les trois automobiles surgirent dans un bruit de pétarade. Antoine avait réussi à réparer. À la vue de Delambre, le brigadier au garde-à-vous s'excusa. J'pouvais pas savoir !

Les voitures démarrèrent en trombe.
Les butorrrrs ! s'emporta Sorel.

La route longea les pentes vers Mittlach et plus loin Metzeral, où de durs combats avaient eu lieu l'année précédente.

Le convoi stoppa à l'entrée d'une vallée. Le seul passage à découvert, expliqua Delambre. Exposé au feu. Les comédiennes frissonnèrent. Leur premier contact avec le front. Les voitures se suivront à cinq minutes d'intervalle pour éviter d'attirer l'attention de l'ennemi.

Antoine ouvrit la voie. Il fit rugir le moteur, lâcha le frein. L'auto bondit. Un silence d'église régnait dans l'habitacle comme au-dehors. Les obus avaient mité le pelage de la colline, grands pins décapités, hêtres déracinés au milieu des cratères.

Antoine accéléra encore. La vitesse faisait surgir un autre homme. Bien calé dans son siège, les muscles tendus, il donnait de légers coups de volant pour éviter les cahots de la route. Au loin, un bref grondement retentit. Quelques secondes plus tard, le macadam vola en éclats derrière eux. Les passagers hurlèrent. L'auto ne tangua même pas. Un deuxième obus s'écrasa après leur passage.

Ils firent un nouvel arrêt cinq kilomètres plus loin. Une guérite surmontée d'un petit coq blanc en céramique, les plumes et la crête peintes en bleu et rouge, indiquait l'ancienne frontière entre la France et l'Allemagne.

Un tunnel en brique rougeâtre s'enfonçait dans la montagne. On aurait cru l'entrée d'un autre monde, sombre, inquiétant.

Une séance de photographies était prévue. Les comédiennes descendirent des voitures, sauf Sarah Bernhardt, fatiguée.

Le journaliste de *Je sais tout* déballa son matériel.

Les femmes déjà en place sautillaient pour se réchauffer, en poussant de petits cris, surprises par l'écho que leur renvoyait la montagne.

Blanche toqua au carreau du chauffeur. Elle voulait comprendre. Antoine haussa les épaules. Il n'osait lui dire. On ne meurt pas en prison. Avec l'arrivée de ces artistes, il voyait se dessiner avec angoisse le parcours habituel du veinard, envié de tout le régiment, qui, sitôt remonté au front, se faisait tuer par une balle perdue ou un bombardement anodin. Il vit son incompréhension, ses beaux yeux étonnés, déçus.

Plutôt que de t'inquiéter tu devrais profiter. Paul avait essayé de le réconforter. Tu n'y changeras rien. Antoine lui avait demandé si ses Indiens partageaient sa croyance sur la bonne fortune attirant le mauvais sort. Ils prennent ce qui est bon sans se poser de questions, se contenta de répondre Paul. Et si la balle qui porte ton nom est déjà prête, tu ne pourras rien y changer.

Antoine comptait bien déjouer la sentence. Sa première résolution consistait à fuir Blanche. Elle avait tout d'une messagère de la mort, de celles dont on ne se méfie pas avec leur air angélique.

Les comédiennes défilèrent devant l'objectif, seules, en groupe, par deux. Dussane regardait droit l'appareil. Sorel, elle, tournait la tête, la relevait pour offrir son meilleur profil.

Le soleil encore vierge en cette heure faisait crépiter la neige. Les nuages défilaient, ignorant les petites silhouettes qui s'agitaient autour du panneau frontière.

Au pied de la pente, là où la forêt se formait, le fouillis de branches mêlé aux buissons de bruyère rappelait la zone du front. Le *no man's land*.

La terre de personne. Les hommes avaient créé une terre où ils ne pouvaient plus vivre, minée, remplie de toutes sortes de pièges. Autrefois, les deux armées se battaient, étêtaient quelques arbres, creusaient quelques cratères, puis s'évaporaient, des taches sur une toile cirée.

Cette guerre avait tout changé. Comme l'air qui portait en ses flancs les gaz mortels, la montagne blessée n'en finissait pas de saigner. Sa plaie s'agrandissait. Les arbres du premier rang s'écroulaient, détruisaient la faune qui les peuplait, leurs racines à l'air.

Cécile Sorel prit une pose enflammée, les mains sur le cœur, devant la guérite. Le photographe l'encouragea. Blanche et Dussane se tinrent par l'épaule. Une bise froide prit un malin plaisir à se glisser entre les jambes des femmes, sous leurs lourdes fourrures. Fursy entonna une brève *Marseillaise*, l'air inspiré, les joues gonflées, le front haut.

La nature tentait de reprendre sa place, l'humus avalait ces troncs brisés. Les canons poursuivaient leur œuvre, une véritable peste. Rien ne repousserait. Les obus avaient même détruit la mort, pulvérisé les cimetières des villages, dispersé les tombes.

Nelly Martyl ôta son manteau, apparut dans une robe noire au col en dentelle, seule touche de blanc. Une étole noire aussi couvrait ses épaules. Elle enfila une coiffe au large nœud dont les pans retombaient de chaque côté du bonnet. L'Alsace libérée du joug allemand. Elle agita deux petits drapeaux français.

La vie semblait continuer, les hommes se lamentaient des saisons indifférentes mais c'étaient eux qui étaient indifférents à la nature. La neige cachait les branches noires, sans vie. La terre se gonflait de coutures saillantes, de plaies purulentes. Le *no man's land* comme un parfum puissant se répandait hors du flacon renversé, flottait au-dessus des montagnes. Pour l'instant encore, les tranchées s'efforçaient de le retenir. La pitié s'était échappée du regard des soldats. Une fois la paix revenue, ils rentreraient chez eux, le *no man's land* au cœur.

Les voitures s'engouffrèrent dans le tunnel. Dussane et Sorel ouvrirent leurs vitres, se penchèrent hors de l'habitacle. « Vive la France ! » Leurs voix résonnèrent sous la voûte.

Dans la vallée de l'autre côté, des maisons aux tuiles rouges s'offraient à cueillir le long de la route.

Delambre leur fit un bref exposé. Le général Joffre a promis aux habitants que nous serons ici pour toujours.

Des rangées de cerisiers, en partie détruits par les bombardements, leurs branches hérissées comme des chevaux de frise, bordaient les champs.

Scheveizelwaser, Braunkopf, Krüth. Sorel tentait de déchiffrer les panneaux sur le bas-côté.

Vous êtes sûrrr que nous sommes en Frrrance ?

Ils traversèrent des villages. Les pignons à colombages, les toits en pente, les murs en pierre blanche semblaient appartenir à un autre pays.

Les populations, répondit Delambre, sont sincèrement attachées à la France.

Sorel reporta son attention sur Antoine.

Tu es des nôtrrres maintenant !

Il ne broncha pas. Il découvrait comme elle l'Alsace. Le secteur faisait un coude. Il se trouvait presque derrière le front au-dessus de Gérardmer. L'impression d'observer l'envers du décor. Il partageait l'opinion de Sorel. Les quelques civils croisés étaient indifférents à leurs uniformes.

Sorel lui demanda s'il allait au spectacle avant guerre.

Il avoua que le théâtre, pour lui, c'était surtout des clients qu'il attendait à la sortie.

Elle insista. Il jeta un œil au capitaine, se racla la gorge. Quand on a vécu des mois là-haut... Il cherchait ses mots, la peur de blesser. Dussane intervint, seule la victoire compte... ? Il ne put retenir un petit ricanement. Delambre se rembrunit. Les histoires de maris cocus ou de rois, on s'en moque un peu, et plus encore, tout ce fourbi de sentiments, la passion, l'honneur, la vertu... Il allait ajouter la patrie, se retint à la vue du capitaine.

Il plongea son regard dans le rétroviseur en quête de l'approbation de Blanche. Il discerna les traces d'un sourire finissant sur les rebords de ses lèvres.

Une école avait été transformée en hôpital. Une quarantaine de blessés occupait une ancienne salle de classe. Sorel récita *Le Salut des comédiens.* Aux murs, des panneaux présentaient l'alphabet en gothique. Personne ne s'était soucié de les enlever. Martyl fit trembler les cloisons en entonnant l'air des clochettes du *Lakmé* de Delibes. « On vient vous ravitailler en gaieté » lança Sorel d'un ton gouailleur. Dans les yeux de l'homme, amputé d'une jambe, un bref éclair de vie s'alluma, des souvenirs

— il était bon danseur. Au fond, des amas de corps s'agitaient dans les lits superposés. Un grand brûlé ahanait. Un médecin donna un bref coup de canne contre le montant métallique du châlit. « Tu vas pas te pagnoter quand même. » Les regards las des infirmières jetaient des lueurs envieuses sur les bas de soie, les chemisiers garnis de dentelle. Blessés de France ! Gloire à vous ! Delambre abrégea les adieux. Nous reviendrons !

« Thespis au pays des chasseurs de Boches. » Les journalistes recueillaient les impressions des artistes.

Les voitures repartirent sans attendre. Les collines défilaient, blanches comme de la gaze.

Pour quelqu'un qui ne va pas souvent au théâtre, vous avez une opinion bien tranchée.

Dussane revenait à la charge. Antoine s'excusa d'un haussement d'épaules.

Ils déjeunèrent au mess du 40ᵉ d'aviation. Le repas terminé, les autos avancèrent sur le terrain d'envol. Quelques instants plus tard, les avions volaient au-dessus des comédiennes. Le commandant avait prévu un meeting en leur honneur. Assis près de Sarah Bernhardt, il détaillait chaque figure. « La boucle. » Les biplans Caudron dessinaient des arabesques dans le ciel. « La descente sur l'aile. » Blanche et Dussane, mi-effrayés, mi-amusés, rentraient la tête. Les lourds avions plongeaient au-dessus d'elles, le vent glissait le long du fuselage en sifflant, puis se redressaient au dernier moment. Sorel debout sur son siège applaudissait enthousiaste. Le vrombissement des bimoteurs annonçait le mouvement. « *Looping the loop*, comme disent nos alliés anglais. »

Un bourdonnement quand l'appareil perdait de la vitesse, tournoyait, un grondement menaçant à la sortie de la voltige, lorsque l'aviateur accélérait à nouveau.

Pour le final, l'escadrille survola les comédiennes, leur lança des fleurs.

Une grande table avec des rafraîchissements avait été préparée. Les aviateurs portèrent un toast à chacune des comédiennes. Ils espéraient que leur visite leur porterait chance.

À l'écart Dreyfus expliquait à Antoine en quoi consistait son rôle. Il disait les répliques de Blanche puis mimait les réactions de l'époux. Antoine tirait mécaniquement sur sa cigarette. Jouer le mari de Blanche le fit presque sourire. Encore une chance qu'il n'ait rien à dire. Il resterait planté au beau milieu de la scène, un vrai poteau, et débrouille-toi avec ça. Il lança un sourire de défi à Blanche. Elle se méprit, lui sourit à son tour.

Un télégraphiste courut jusqu'au commandant. Une mission de bombardement derrière les lignes boches. Les pilotes sautèrent dans leurs Caudron. « À la volupté ! À la mort ! » cria l'un d'eux en décollant. Au revoir ! chevaliers de France.

Quatre tours de manivelle, le moteur au garde-à-vous ronronnait. En voiture ! C'est le petit soldat qui a raison, tempêta Sorel. La guerre avait tout bouleversé. Une fois la paix revenue, il faudrait écrire des pièces plus jeunes, plus vraies. En finir avec les formes d'art trop truquées, tous les artifices et tous les fards. Elle en avait discuté plusieurs fois avec les auteurs, ils ne semblaient pas comprendre.

L'état-major n'avait oublié aucun dispensaire, aucun hôpital. Elles devaient chanter, réciter, danser — les électriser. Nelly Martyl interpréta *Les Vignes* de Gounod, *Les Noces de Jeannette* de Massenet, *La Fille du régiment* de Donizetti. Dussane donnait dans les chansons populaires, *En passant par la Lorraine*, *Auprès de ma blonde*, *Au jardin de mon père les lilas sont fleuris.*

Chaque fois un quart d'heure, vingt minutes tout au plus. Delambre les tirait par la manche, ordonnait aux chauffeurs de mettre le contact. Adieu ! soldats de France.

Les routes défoncées secouaient les comédiennes.

Aucun camp militaire ne fut laissé de côté. Dussane entonna *Pan Pan l'Arbi* devant les fantassins du 152e. Des Parisiens pour la plupart. Ils partaient pour Verdun le lendemain. « Fredonnez avec moi ! » Un flot de képis, de bérets, de bonnets, de chéchias et de casques. « Tous en chœur ! Et en mesure ! » Ils sifflèrent. Un lieutenant aboya. Des sauvages. Ils reniflaient le froufrou des jupons. C'est beau une femme ! Par instants leurs corps se frottaient contre celui des actrices, étreintes éphémères. Blanche connaissait leurs faces de petites frappes, les calmait d'un regard. Vous comprenez j'ai jamais... le tout jeune fantassin rougit. Je l'ai jamais fait... Il avait peur que ses camarades l'entendent. Je voudrais pas mourir sans le faire...

Dépêchez-vous ! Des kilomètres sans fin, des sauts de puce. Partout, des hommes en uniforme comme s'ils sortaient de terre.

« Nous sommes revenus aux plus anciennes traditions de notre théâtre ! » s'enthousiasma Sorel. « Molière lui-même aurait pu nous accompagner ! » Les articles se couvraient de points d'exclamation.

À Wesserling, elles furent reçues par l'état-major. Un très beau jardin entourait la propriété, dominait la vallée. On servit des gâteaux, on fit sauter le champagne. Un magnifique bouquet de roses émergeait d'une douille de 75 transformée en vase. Le téléphone sonna. La mission des aviateurs était un succès. Il manquait encore trois appareils à l'appel.

Le général nomma Sarah Bernhardt sous-lieutenant honoraire du bataillon. « Qu'on me donne un fusil ! » cria-t-elle d'une voix caverneuse. « Et l'on verra si je ne sais pas tuer mon Boche comme un autre ! »

Nouvel appel. Le silence se fit. Aucune nouvelle des trois manquants.

Blanche était restée trop longtemps de côté pour arriver à ressentir les tirades patriotiques autrement que comme des mots secs. Ça ressemblait aux discours bien touchants que composait la bande à Victor. « Qu'est-ce que risquer de se casser la voix, répondit Dussane au journaliste, puisqu'il s'agit de plaire à ceux qui, pour nous, se font casser... *la figure*... comme nous disons à la Comédie-Française ? »

Le téléphone à nouveau. Les trois avions étaient portés disparus.

Une odeur de charogne, plus forte que jamais, emplissait les narines d'Antoine. Il ne fleurirait plus rien d'autre sur cette terre. Le massacre avait été trop grand, trop énorme. La morale suintait de la plaie. La morale du *no man's land*. Demain et à jamais.

Encore une route cahoteuse, encore un virage. Encore une étape.

Ils arrivèrent dans une vallée, longèrent une rivière. Cela ne vous fait rien de voir la grande Sarah Bernhardt en chair et en os ?

Antoine força son accent parisien. Quand on nous a annoncé un spectacle, on pensait seulement que ce serait du cinéma.

Il fit mouche. Sorel et Dussane se récrièrent. Du cinéma ! La bouche de Dussane se déforma lorsqu'elle prononça le mot. Sorel était plus véhémente encore. Un tas de niaiseries tout juste bon à amuser les Kabyles. De rage, elle en avait perdu son accent.

Blanche, la tête tournée vers la vitre, se mordit les lèvres pour ne pas éclater de rire. Comment ne voyez-vous pas la différence ? s'emporta Sorel.

Elle compara l'obscurité des salles de théâtre et de cinéma. Dans la première, la respiration des spectateurs s'effaçait presque pour écouter la poésie des alexandrins. Dans la seconde, au contraire, on n'entendait que huées, bordées d'injures, salacités.

Antoine profitait en silence de son esclandre. Autrefois, il ne manquait jamais la séance du jeudi. Il y emmenait sa conquête du moment, glissait ses mains sur les cuisses de la jeune fille. Captivée par le film, elle se laissait faire. Ce souvenir l'assombrit. Garces d'actrices.

Ils arrivèrent à Thann. La première cité alsacienne libérée ! annonça Delambre. Des bombardements avaient détruit plusieurs quartiers. Dans la grande rue pavée, les devantures portaient encore la trace d'enseignes en allemand à demi effacées, de maigres coups de peinture. Des panneaux en français les remplaçaient.

Un colonel les attendait devant la collégiale Saint-Thiébaut. Il ordonna à Delambre que la petite troupe fasse un tour dans les ruelles adjacentes à la rencontre des habitants, avant le discours officiel.

Dussane se précipita dans une librairie, acheta des cartes postales pour les envoyer avec le nouveau timbre « Alsace. République française », le coq en fond. Sorel entreprit un couple de femmes, la cinquantaine. Leurs fossettes aux coins de la bouche masquaient à peine la dureté de leurs traits. Elles frottaient nerveusement leurs mains sur leurs tabliers, en bredouillant quelques mots. « Épicerie. » L'une d'elles désignait le magasin en contrebas. « Mon boutique. » Sorel eut une moue railleuse. « Nous sœurs. » Vous êtes fière d'être redevenue française ? Autour d'elles, les reporters prenaient en note les moindres détails. « Oh oui » lâcha l'autre. L'actrice montra l'enseigne. « Strossel et fils. » Vous avez des enfants ? Les deux acquiescèrent d'un hochement triste de la tête. Trois fils. Sorel chercha autour d'elle. Ils sont où... ?

La voix railleuse d'Antoine se fit entendre, profitant du silence gêné des deux femmes. Leurs fils sont dans l'armée. Il cracha. Chez les Boches. Ils font partie de ceux qui nous canardent là-haut.

« Si la Thannoise aime le soldat de France / C'est le béret qui fait bondir son cœur / Tout le monde sait bien où va sa préférence / Au chasseur ! Au chasseur ! Au chasseur ! » Une maigre fanfare jouait *La Thannoise*. Sarah Bernhardt portée par deux des chauffeurs rejoignit l'estrade. Le morceau s'acheva dans un tintamarre dissonant. Le maire entama son discours. Par fotre brézence, madame Zarah Bernhardt, z'est toute la culture française qui nous fait l'honneur d'êdre izi...

Derrière l'estrade, à l'abri des regards, Antoine se moquait en silence de la harangue. Ses mains en rythmaient les envolées lyriques à la façon d'un chef d'orchestre. Il aperçut soudain le large sourire de Blanche.

Cette pantomime avait achevé d'effacer sa rancœur envers Antoine. Lui non plus ne semblait pas apprécier les effusions patriotiques. Il avait réussi à exaspérer Dussane et Sorel avec son histoire de cinéma. Il inquiétait Dreyfus. « Il aurait mieux valu annuler la pièce. » Le pauvre Abraham, il ne connaissait vraiment rien aux hommes. Avec ce soldat — Antoine lui souffla une petite voix dans sa tête — il fallait la jouer franche. Ne pas lui mentir, ni lui en faire accroire. Des camarades.

Blanche lui offrit une cigarette. Il sursauta. C'était la façon qu'avaient les poules avant guerre d'allumer les riches clients. Il les avait vues faire cent fois à la sortie des cabarets. Parfois même, ils n'en fumaient pas la moitié qu'ils le hélaient pour les emmener ailleurs. Blanche n'avait rien d'une poule.

À son tour, elle monta sur l'estrade, chanta *La Ritournelle de la fille de joie*. Les soldats l'écoutaient l'air grave. Son filet de voix n'était pas le plus joli, ses mimiques les plus recherchées. Mais son sourire, son déhanchement, le mouvement de ses épaules qu'elle bougeait comme si elle dansait avec un homme, réveillaient leurs souvenirs — le samedi soir au bras d'une fille, la douceur de ses lèvres, la saveur charnelle de sa taille —, et à eux qui portaient leur peau en bandoulière, qu'une balle, un éclat, une pointe de barbelé, le tranchant d'une baïonnette menaçaient à tout instant de trouer, elle rappelait ce qu'ils avaient été, des jeunes hommes, pleins de rêves, de désirs et plus encore d'étreintes.

Antoine avait beau s'en défendre, le charme de Blanche agissait sur lui.

Jehan Adès soufflait, pestait. Un porte-épingles en velours à la main, il s'activait. Il noterait tout ça dans le registre des représentations. La rubrique « observations » promettait d'être bien remplie. Dreyfus soufflait, pestait lui aussi. Il s'essuyait le front avec son large mouchoir. Le régisseur s'emportait. Tenez-vous droit ! Le dramaturge maugréait ses indications. Ça doit aller crescendo.

Tous s'affairaient autour d'Antoine.

Les jambes du pantalon plissaient sur les chaussures. Il était plus petit que Léon. Adès à genoux épinglait l'ourlet. L'art de ne rien dire, c'est celui de dire beaucoup ! Dreyfus allait à la fenêtre, faisait demi-tour. La colère, l'impuissance, le renoncement, tout devait passer par les yeux, la pantomime.

La représentation avait lieu dans l'ancien gymnase de la caserne. Une porte derrière la scène permettait d'accéder aux vestiaires désaffectés. C'était là qu'avaient été installées les loges.

Le poêle contre lequel les artistes se rôtissaient les jambes ne parvenait pas à chasser le froid collant qui suintait des murs grisâtres. Une ampoule électrique portative et une lampe à acétylène se disputaient la pièce, chacune d'un côté. Selon l'endroit où ils se trouvaient, les comédiens avaient le teint jaunâtre ou blafard.

Deux paravents étaient dressés pour Sarah Bernhardt et Cécile Sorel. Les autres se préparaient ensemble. Pour conjurer l'humeur saturnienne du lieu, ils s'ébrouaient, vocalisaient.

L'uniforme était abandonné sur une chaise près d'Antoine. Il n'avait porté aucun autre vêtement depuis deux ans. La grosse étoffe bleu horizon enserrait son corps, l'obligeait à marcher au pas, les épaules rompues aux sangles du paquetage.

Il s'examinait, un pantalon noir avec une large ceinture de soie noire aussi, une chemise blanche dont le col amovible était relevé dans l'attente d'un nœud papillon. Il était dedans comme un intrus — le même sentiment que lorsqu'il arrivait dans une ferme abandonnée près du front, à la façon d'un pilleur.

Au contact de la popeline, de la doublure en soie à l'intérieur des cuisses, ses muscles retrouvaient le souvenir de son existence avant guerre. Les chaussures au cuir verni lui fredonnaient la musique des trottoirs poissonneux de Paris, des cafés aux zincs fraternels.

Le régisseur lui fit retirer ses habits, les ourlets à coudre. Ses jambes nues étaient couvertes des stigmates du soldat, écorchures contre les claies des tranchées, ecchymoses dues à l'étroitesse des boyaux. Il rougit de dévoiler son histoire devant ces femmes.

Elles semblaient indifférentes à sa tenue. Il faisait partie désormais de leur troupe.

De derrière le paravent, apparut Sarah Bernhardt. Le bruit de sa claudication fit taire les conversations. Je fais la pintade ! rit-elle. Ce n'était plus la vieille femme ballottée dans les casernes, les hôpitaux, déclamant des tirades patriotiques. Jouer lui rendait la vivacité de ses mouvements.

Sorel émergea à son tour de son réduit. On dirait une chaumièrrre... Elle réclama des bougies. Adès fila en chercher au réfectoire. Il abandonna Antoine en plein essayage. Sorel le siffla. On dirrrait que le petit soldat est devenu un époux prrrésentable !

Dussane arrangée en servante, piquante, une jupe courte qui laissait voir ses bottines, un corsage décolleté, orné d'un col de dentelle, se chauffait la voix. Il n'y a que comme ça qu'on peut dominer son trac, expliqua-t-elle à Antoine.

Sorel n'était pas d'accord, Sarah Bernhardt non plus. Chacune vantait sa méthode. Le retour d'Adès, avec deux chandeliers, fit cesser la discussion.

Blanche passa sa main sur les épaules d'Antoine, s'attirant une réflexion d'Adès. Ne touchez à rien. Il se recula, contempla le résultat. Sa moue satisfaite ressemblait à celle de Catherine lorsqu'elle reprenait une robe sur Blanche. Ça tiendra le temps de la représentation.

Fursy plastronnait devant la glace. Il rectifiait avec un soin de jardinier la pointe de ses moustaches. Il faisait quelques pas en arrière, ajustait sa lavallière, boutonnait sa veste « à l'artiste ». Sorel le chassa. Sans mirrrroir, je ne peux pas jouer, lança-t-elle en guise d'excuse.

Blanche appliqua une large couche de blanc gras sur le visage d'Antoine. C'est pour vous éviter de briller sous les projecteurs. Il se contracta. Ses joues n'avaient plus l'habitude des caresses. Le pli sur le front fut le premier à se rendre. Elle passa un peu de vernis sur sa barbe naissante. Comme si elle le lavait de ses deux années au front, elle faisait renaître la jeunesse de ses traits.

Blanche sentit que le moindre temps mort faisait ressurgir l'angoisse d'Antoine. Elle l'entraîna vers le petit escalier en bois menant au plateau.

Ils avancèrent en silence jusqu'aux rideaux. Elle souleva légèrement un pan du tissu, observa la salle. Elle invita Antoine à en faire de même. Il glissa un œil.

Les larges fenêtres faisaient ressembler la pièce à une église. De petites lampes électriques tombaient des poutres. Au pied de la scène était installée la fanfare qui accompagnerait les artistes dans leurs numéros. Les côtés accueillaient des blessés dans leurs fauteuils roulants, sur des civières. Les infirmières les avaient déjà placés. Les deux premiers rangs étaient réservés aux officiers. Ces messieurs attendaient les derniers instants pour prendre place. Derrière, beaucoup de soldats étaient déjà assis. La demi-obscurité donnait à leur capote une teinte bleu-gris. Ils plaisantaient, s'interpellaient. Antoine chercha Paul en vain.

Est-ce que tu vois tes camarades? lui chuchota Blanche qui se tenait maintenant contre lui.

Il sursauta, manqua de tomber. Elle le retint. Le maquillage lui faisait une croûte sur la peau, il avait l'impression d'étouffer.

Ils regagnèrent les loges. Il ralentit en passant devant le miroir. Il ne se reconnut pas dans cet homme bien mis — une provocation face au destin.

Dreyfus se précipita sur eux. Il les abreuva de conseils. C'est vous qui devriez monter sur scène, plaisanta Blanche. Il ne regrettait pas Léon, mais ce soldat, il parlait d'Antoine comme s'il n'était pas là, il ignorait tout de la comédie.

Antoine en était sûr. Malgré les moqueries de Paul et le sourire de Blanche, toute cette lumière allait se payer. C'était comme s'il montait seul à l'assaut de la tranchée allemande.

Dreyfus aurait voulu annuler. Blanche le poussa vers la sortie. Il se laissa faire. Il heurta Fursy en quittant la pièce. Dreyfusard ! lui cria le chansonnier. Renégat ! dégaina le dramaturge. — Youpin ! — Judas !

Adès et Antoine les séparèrent.

Dreyfus hoquetait de peur, de colère. Il est juif lui aussi ! répétait-il secoué par des tressautements. Un Juif qui déteste les Juifs ! Fursy ce n'est pas son nom ! L'autre furieux se rua vers lui pour le faire taire. Antoine s'interposa. Le chansonnier recula sous le choc. Antoine paraissait prêt à le rosser. L'excitation de la bagarre chassait ses pensées. Le chansonnier réduit à l'impuissance lançait des regards rageurs au dramaturge. Je ne pensais pas que tu pouvais te livrer à une telle bassesse ! éructait-il. Tu es bien de ta race ! Abraham enhardi par cette protection imprévue reprit : Il s'appelle Dreyfus ! Dreyfus ! Il se mit à le chantonner pour le narguer. Fursy tenta à nouveau de se libérer de l'emprise d'Antoine. Retrouvant son calme, il lui fit signe de le lâcher. Il vérifia d'un geste rapide sa moustache, prit un air supérieur. Je ne voulais pas porter le même patronyme que ce traître, cet espion des Boches ! Je suis un patriote moi ! Le dramaturge explosa à son tour. Un innocent ! Dreyfus est innocent ! Fursy sifflait d'un air ironique. Mon œil !

Ça suffit, clama Sorel. Elle les menaça de les faire jeter par les soldats s'ils continuaient.

La sortie presque digne de Dreyfus fut éclipsée par l'entrée du capitaine Delambre. Il venait les avertir que le général était arrivé.

Il se figea à la vue d'Antoine. Une lueur animale de jalousie enlaidit ses traits. Il saisit la main de Blanche, la porta à ses lèvres. Il fit un effort violent pour paraître agréable, lui glissa, je vous dis m... Il n'osa pas prononcer le mot. C'est bien comme ça qu'on dit dans votre métier ? Il lui adressa un bref salut militaire, un regard hostile à Antoine, il disparut.

Dussane avait été désignée pour déclamer *Le Salut des comédiens*. Elle expira avec force, gravit les marches du petit escalier. Ils entendirent les trois coups frappés par Adès puis une ovation formidable. La voix claire de Dussane retentit.

Une pâleur soudaine envahit les traits d'Antoine, fit ressurgir le soldat sous le maquillage.

Blanche l'emmena dans la cour. Elle lui offrit une cigarette, en prit une aussi.

Ils contemplèrent les étoiles. C'était un de ces cieux qui n'existent qu'à la campagne. Une poussière de lumières. Antoine y cherchait sa place. C'était un jeu avec Paul quand ils étaient de guet la nuit. Ils imaginaient que chaque point lumineux était une croix sur une tombe, la trace d'un camarade mort au combat. Ils examinaient la Voie lactée pour savoir où ils voulaient briller. Avec un peu de chance, côte à côte. Du ciel, ils observeraient leurs copains, leur guerre interminable, enfin débarrassés de la peur, du froid, du bruit des obus.

Chaque bouffée éclairait leurs visages, leur donnait fugitivement la grâce d'une esquisse.

Ils avaient le temps. Après Dussane, il y aurait encore Fursy, Sorel et Sarah Bernhardt.

Il lui raconta son petit jeu avec Paul. J'espère que je serai une étoile bien brillante. Pas grosse, mais brillante. Une bouffée. Son sourire émergea de l'obscurité.

Elle lui dit, tout se passera bien. Il s'étonna. Quand on a subi le feu des mitrailleuses, monter sur scène n'avait pas de quoi l'inquiéter. Pourtant sa gorge était sèche, comme avant un assaut. Il se moqua de sa propre bêtise. C'était la faute de ce costume. Il n'osa pas lui avouer que c'était à cause d'elle. Son ancienne vie affleurait, sous le mince tissu de sa chemise, dans les inflexions de la voix de Blanche, quand elle lui prenait la main. Cette réminiscence débordait ses muscles, leur rappelait des mouvements furtifs, comme des pas de danse.

Blanche savait que c'était pénible pour Antoine. Elle s'en excusa. Il haussa les épaules. Ça ressemblait aux accidents de voitures. Les conducteurs pouvaient braquer, les deux autos lancées n'avaient d'autre choix que de suivre leurs trajectoires.

Adieu le conservatoire, si je ne suis pas à la hauteur. Vous êtes mon seul allié ici. Le ton était ferme, pas implorant. Blanche ressemblait à ces infirmières qu'il rencontrait dans les cantonnements à l'arrière. Elles faisaient des efforts pour le comprendre, parfois y arrivaient. Ça la rendait encore plus dangereuse. Elle pouvait le faire dévier de sa trajectoire. Il se récita son matricule. Pour être tué, il faut une coïncidence de temps et d'espace. Des rumeurs annonçaient le départ imminent du régiment pour Verdun.

Ce sera notre revanche contre Delambre, murmura Blanche. Il n'espère qu'une chose, qu'on se plante. Seine 2 B 5708. Seine 2 B... La colère envahit Antoine. Ce salopard de capitaine.

Les étoiles déversaient leur peine.

Alors, amis ? Elle lui tendit la main.

Ils regagnèrent les loges. Un énorme bouquet trônait devant Sorel, de la part du général.

Elle marmonnait avec ferveur. Elle fait ça après chaque représentation, glissa Dussane à Blanche. Sorel appuya son front contre ses mains orantes. « Pardonnez-moi Seigneur... »

Jouer lui donne une crise de foi, ironisa Fursy. Elle se reprochait son orgueil, la vanité des pièces qu'elle interprétait. Elle promettait de s'amender. Amen. Elle fit un bref signe de croix, se redressa. « Mes chérrris quel public formidable ! »

La voix de Sarah Bernhardt leur parvint de la scène.

Adès s'approcha. Après elle, c'est à vous.

Antoine et Blanche grimpèrent en silence l'escalier, se blottirent dans la coulisse.

L'actrice était assise dans un mauvais fauteuil, garni de coussins, sur le devant de la scène. Un drapeau tricolore étendu sur ses jambes masquait sa prothèse. Elle n'avait pas tenu compte de l'hostilité du général. Elle déclamait les souffrances de la cathédrale de Strasbourg.

Au début les soldats se retinrent de rire devant cette vieille femme aux airs de bohémienne antique.

Aucune modulation ne la rebutait, aucun effet. Elle montait dans les aigus, écorchait les oreilles, crincrin ridicule.

Soudain la cantilène de Sarah se fit plus rauque, enfla. Elle revivait ses grands rôles, les fondait en une musique incantatoire, la Phèdre ivre de désir, l'Aiglon et ses rêves de gloire, Lorenzaccio enflammé par la République, Tosca ombrageuse, passionnée.

Comme les autres, Antoine se laissait bercer par le rythme gémissant. La colère ne l'avait pas quitté. Il repensa aux scénarios imaginés avec Paul pour tuer le capitaine.

Sarah jouait de sa voix comme d'un instrument, un violon qui les touchait au cœur, un hautbois qui les galvanisait, un piano à la mélancolie violente.

Antoine se concentra sur la nuque de Blanche, à quelques centimètres de lui. L'image de Delambre agonisant s'effaça. La mélopée envoûtante de Sarah ne le lâchait pas. Il ne décolérait pas. C'était autre chose qui le mettait en rage. Il n'y avait pas de règles pour échapper à la trajectoire au moment précis. Avec Paul, ils avaient soudain eu la même impulsion de se jeter hors de l'abri. Contre toute logique. Les obus retournaient tout le secteur. Ils auraient dû rester à l'intérieur.

Antoine se serra contre Blanche. Il la frôlait presque, respirait son parfum. Il ne lui restait pour seul échappatoire que de suivre son instinct. Être vivant. En tout cas suffisamment pour enfreindre ses principes, un bref coup de volant avec l'espoir de dévier la course. Ses jambes vacillèrent. Brille petite étoile, brille au milieu du fourmillement des autres, l'Univers est notre cimetière.

L'ovation emporta tout. Les centaines d'hommes applaudissaient. Sarah pâle, épuisée, les fixait avec l'air d'une prêtresse tirée de sa transe.

Après plusieurs rappels, Adès et Fursy ramenèrent l'actrice en coulisse. Des cintres descendit le décor d'un intérieur bourgeois. Une cheminée, surmontée d'une pendule, était peinte au centre, sur les côtés, une commode et une bibliothèque. Le régisseur installa deux fauteuils récupérés au mess des officiers, une table. Il posa dessus une carafe d'eau.

Merde ! glissa Blanche à l'oreille d'Antoine. Elle courut à pas menus jusqu'à sa place sur le plateau. Elle s'assit, prit le mouchoir, l'aiguille, commença à broder.

Dussane annonça « *Un crâne sous la tempête*, pièce en un acte d'Abraham Dreyfus interprétée par Mademoiselle Blanche Beaulieu du théâtre de l'Ambigu et Antoine Rivière, soldat au 152e d'infanterie. »

Au nom de l'un des leurs, les soldats poussèrent des beuglements enthousiastes.

Le rideau se leva.

« Onze heures ! » déclama Blanche, l'air irrité.

La salle retint son souffle à la vue de cette femme aux rondeurs soulignées par une blouse de tulle blanc, échancrée. Sa jupe laissait voir de hautes bottines. Penchée sur son ouvrage, elle offrait à tous sa nuque — ses longs cheveux ramassés sur le sommet de sa tête — qui attisait leur envie de l'embrasser.

« Onze heures ! »

Blanche se tourna vers les coulisses qui restaient obstinément silencieuses. Déconcertée, elle se résolut à reprendre son ouvrage. Elle attendit quelques instants, se risqua à nouveau.

« Onze heures ! »

C'est à toi andouille ! fulmina à voix basse Adès. Il propulsa Antoine sur la scène. Son entrée, son accoutrement provoquèrent les lazzis du public. Tu ressembles à un pingouin ! Ceux de sa section l'encouragèrent. T'es un prince !

« Ah ! Enfin... » s'écria Blanche.

Antoine terrifié ne savait où se diriger. Trois cents paires d'yeux le dévisageaient. Le dévoraient. L'enviaient.

« Laissez-moi,... Monsieur. »

Elle le regarda dans l'espoir qu'il réagisse, un haussement d'épaules, un air de surprise, même un froncement de sourcils, qui lui permette d'enchaîner. Il restait obstinément sans expression, au milieu du plateau.

« Laissez-moi. »

L'apathie d'Antoine fit tomber à plat la réplique. Ils explosèrent. Blanche attendit que le silence revînt.

« À partir d'aujourd'hui, il n'y a plus rien de commun entre vous et moi ! »

Elle sortit, le laissant seul sur scène. Il sentit ses jambes glisser sous lui. Il se raccrocha au fauteuil, s'affala. Tous l'observaient, ne sachant s'ils devaient rire ou plaindre leur camarade.

De chaque côté des coulisses, le régisseur, hors de lui, et Blanche tentaient d'attirer son attention. Ils lui désignaient un accessoire sur la table. Il saisit le mouchoir, les interrogea du regard. Adès réprima un juron. Le journal ! Antoine s'en empara, s'absorba dans sa lecture.

« Vous croyez qu'après avoir passé toute ma soirée à vous attendre, attaqua Blanche revenue sur scène, je serai trop heureuse tandis que vous serez là tranquillement à vous chauffer les pieds en lisant votre journal ? »

Caché derrière les pages dépliées, il retrouva un peu de calme.

« Il y avait beaucoup de femmes à ce dîner d'hommes ? »

Elle tapait du pied, faisait trembler le plateau. Il s'enfonça un peu plus dans son fauteuil. Il n'avait jamais voulu vivre en couple. Une fois pourtant, il avait eu le béguin pour une petite brune. Elle travaillait comme domestique chez un couple de rentiers, rue du Ranelagh. Certains soirs, ses patrons couchés, elle descendait le rejoindre dans sa voiture. Il l'emmenait au bois de Boulogne. Ils faisaient ça sur les sièges arrière. L'été, ils s'allongeaient dans l'herbe. Elle se laissait faire malgré sa crainte de tomber enceinte. Durant le trajet retour, elle pleurait, l'accusait de n'être qu'un égoïste.

« Vous ne détestez pas la gaieté. Vous êtes folichon, à l'occasion. Du moins, à ce qu'on m'assure, car, pour ma part, je ne me suis jamais aperçue... »

Blanche tournait autour de lui, le frôlait, s'éloignait, se collait à lui de nouveau. Il sentait sa présence jusqu'au fond de son ventre.

La petite bonne jurait que c'était fini. Le lendemain ou le surlendemain, à la nuit tombée, elle se glissait hors de l'immeuble de la rue du Ranelagh, grimpait dans son taxi. Une vraie diablesse, elle mettait la même ardeur à s'abandonner qu'à le lui reprocher. Épouse-moi ! lui avait-elle dit quand était arrivé son ordre de mobilisation. Antoine était parti sans un au revoir. Dans son esprit, la mort prendrait en premier ceux qu'on pleurerait. Elle ne perdrait pas son temps avec des solitaires comme lui.

« Vous gardez vos amabilités pour d'autres ! »

Blanche posa sa main sur l'épaule d'Antoine. Les pages tremblèrent. Elle repartit en direction des coulisses. Derrière le rideau, Dreyfus déclamait à voix basse son texte, acquiesçait aux effets de Blanche.

Elle marqua une pause avant de foncer à nouveau sur Antoine. Sans les mimiques du mari, impuissant à placer un mot, la pièce se réduisait au monologue ridicule d'une épouse acariâtre. Elle lui arracha le journal.

« Qu'avez-vous à dire pour votre défense ? »

Montre-lui ! Vas-y ! hurlait la salle. C'est pas elle qui se fait casser la gueule par les Boches !

La petite bonne de la rue du Ranelagh se superposait à Blanche.

Flanque-lui une rouste ! l'encouragea une voix. Un autre gémit, on n'est pas partis à la guerre pour se faire engueuler à notre retour ! Blanche, une lueur espiègle dans les yeux, incitait Antoine à entrer dans la danse. Il cessa de résister au spectacle de ses chairs qui se débattaient dans son corsage, de ses hanches qui affolaient les volants de sa jupe.

« Laissez-moi ! Je n'ai pas besoin de vos consolations hypocrites... »

Il en oublia les rires de la salle, les visages hilares du général et de son état-major au premier rang. Il se leva sous les vivats des soldats.

« Ah ! ma mère ! ma mère ! qui eût dit qu'un jour ta fille en serait réduite à dévorer ses larmes ! »

Il allait et venait sur scène, ses pas libérés de ses calculs, de ses manies superstitieuses.

Il repéra Delambre au deuxième rang, rouge pivoine, savoura sa revanche, leur revanche. Il eut soudain envie de serrer Blanche contre lui, de sentir sa force lui résister, s'abandonner, un corps à corps charnel, un instant de chair, vivante, joyeuse.

« Vous avez voulu me voir pleurer !... Je pleure !... Que vous faut-il de plus ? »

Blanche était gagnée par le ballet des mains d'Antoine. Elle les esquivait, s'offrait, leur échappait, les narguait.

Il tendit les bras, elle le repoussa. « Et quel jour choisissez-vous pour cela ? » Elle se dressait devant lui, campée sur ses jambes. Les lumières de la rampe entouraient son visage d'un halo haletant. « Un jour qu'on célébrait dans ma famille et qui me rappelle les plus douces joies de mon enfance, le jour de ma fête ! » Elle donnait à sa colère un air d'invitation à lutter avec elle, peau contre peau. « Oui, c'est aujourd'hui la Sainte-Félicie ! Mais vous n'y pensez même pas !... » Il aperçut côté cour Adès qui gesticulait. Antoine se rappela soudain. Il porta sa main à sa poche. « Eh bien, quoi ?... Qu'est-ce que vous avez ?... Parlez ! » C'était la réplique qu'il attendait. Il lui tendit un écrin. « Un bracelet !... pour moi ? » Elle l'examina, lut à l'intérieur de l'anneau l'inscription gravée. « "Félicie !" — C'est pour cela que tu étais en retard ?... » Elle se jeta sur lui avec effusion, lui donna un baiser sur la joue. Un tremblement nerveux parcourut les muscles d'Antoine. « Ah ! mon Charles ! Que tu es gentil ! » Il sentait les courbes du corps de Blanche épouser les siennes. Il aurait presque pu croire tant il la sentait vibrionnante qu'elle était animée du même désir. En tout cas la salle, elle, ne s'y trompa pas. Échauffés en voyant qu'un des leurs avait enlacé la comédienne, les trois cents soldats tapaient des pieds, lançaient leurs képis. Même le général était debout. Un sourire émoustillé barrait son visage. Delambre s'enfonça dans son siège, terrassé. Quelle gonzesse ! hurla une voix. Blanche leur offrit en réponse un rire franc, joyeux, détacha ses cheveux qui tombèrent le long de ses épaules.

Elle prit la main d'Antoine, l'emmena au centre de la scène. Elle salua. Antoine la suivit, avec un temps de retard. Gloire à toi Rivière ! s'égosillèrent les gars de sa section. T'es le meilleur ! Il aperçut Paul sautant sur sa chaise.

Le rideau retomba.

Blanche peinait à contenir sa joie. « Vous avez été formidable ! » Son fard avait coulé. Ses cheveux couvraient ses joues. Elle avait le visage d'une femme qui vient de s'abandonner. Les mains d'Antoine restaient en suspens.

Elle passa ses bras autour de son cou. Leurs lèvres se frôlèrent, se saisirent. Ils s'embrassèrent, comme si c'était la première fois de leur existence qu'ils se donnaient.

Derrière eux, rassemblée pour le final, la troupe en oublia le salut.

Leurs regards étaient d'hostilité.

III

Blanche renversa la tête en arrière.

Il accompagna son mouvement, la retint d'une main puissante. Elle s'abandonna, les yeux pâmés. La moustache la chatouilla. Malgré leurs efforts, leur baiser restait froid, presque triste. Il lui écrasait les lèvres avec force. Elle souleva une paupière, la referma, chercha dans sa mémoire la sensation absente.

Davantage de passion ! C'est ton homme !

Non rien, décidément. Il embrassait sans âme.

Un coup de sifflet.

Il manqua la laisser tomber. Elle se rattrapa à son bras, reprit son souffle. Vous n'avez jamais embrassé ou quoi ? C'est comme dans la danse, argumenta Léon. L'homme guide, la femme suit.

Il n'avait pas changé. Aucun talent, pensa Blanche.

Perret, le réalisateur, s'emporta contre l'acteur, se tourna vers l'opérateur. Ça ira comme ça. Pas question de gâcher encore de la pellicule. Ils avaient déjà près de deux heures de retard.

Les machinistes déplacèrent le décor. Les rayons du soleil qui inondaient la verrière du théâtre de pose des studios Elgé commençaient à faiblir.

En quelques minutes se dressa une toile peinte, cieux pâles, forêt profonde, troncs immenses. Perret indiqua sa place à Blanche pendant que le cameraman réglait l'image sur elle. Tu as peur. Tu es perdue dans la jungle. Tu regardes autour comme si tu entendais des cris de bêtes. Il avait sa théorie. Une bonne scène de danger pour que les petites femmes se blottissent dans les bras de leurs hommes.

Quelque part dans la jungle, un boa guette sa proie.

Depuis un mois qu'elle travaillait à la Gaumont, Blanche avait tourné dans près d'une dizaine de petits films, des comédies sentimentales, des aventures. Elle n'avait perdu ses nerfs qu'une fois. Le plan ne devait pas durer. Un serpent l'attaquait, Léon, Nick l'explorateur dans le film, la sauvait. Zoé est bien dressée, assurait le dompteur. Il enroula les anneaux du constrictor autour du cou de Blanche. Les écailles propageaient sur sa peau un froid huileux. Perret trouvait parfaite son expression terrorisée, ses mains tendues vers la caméra. Le dompteur s'était aperçu juste à temps que Zoé était en train d'étouffer sa victime. Encore quelques secondes, réclamait l'opérateur, un problème de lumière. Zoé ne voulait plus lâcher sa proie. Il avait fallu qu'ils s'y mettent tous pour la délivrer.

Rien de tout ça rassure-toi ! expliqua Perret. Plus d'animaux bizarres. Juste une tribu de sauvages. Ils l'attrapaient, l'emmenaient dans leur village, l'attachaient au poteau de torture. Elle s'évanouissait avant que Léon la libère une fois de plus.

Blanche en petite robe, le haut des manches déchirées sur ses épaules, s'installa dans le cadre. Noircis à la suie, les cinq figurants qui composaient la tribu de sauvages arboraient d'épaisses perruques, des pagnes, des lances. Sous leur maquillage, elle reconnut des employés de la Gaumont, des électriciens, un menuisier. Un comptable même. Son ventre débordait de son paréo, qui menaçait de tomber sur ses genoux. Prenez l'air méchant, et toi Blanche, n'oublie pas d'articuler ton texte. Les sourds-muets qui fréquentent les salles lisent sur les lèvres.

Il siffla. Le cameraman se mit à tourner. Léon apparut dans le champ. Stop ! hurla Perret. L'acteur réclamait d'être aussi fait prisonnier par les sauvages. C'était lui le héros. Perret le chassa du plateau. On reprend ! Le ronronnement de la manivelle repartit. Derrière une plante aux feuilles luxuriantes, dont le pot était hors cadre, on apercevait le regard mauvais d'un électricien. Blanche avançait sans se douter du danger. Après plusieurs plans sur le visage de Blanche et celui de l'électricien, les sauvages surgirent. Elle agita les bras en tous sens, l'air terrorisé. Le sifflet retentit. Tu roules des châsses comme des boules de loto ! On n'est pas au théâtre ici ! vociféra Perret. Si tu veux monter sur les planches, t'as qu'à passer le conservatoire ! Les sauvages retournèrent derrière la plante en pot. Blanche reprit sa place.

L'expression méprisante du réalisateur lui rappelait celle de Jehan Adès dans le train du retour. Je devrais vous inscrire sur le registre de la tournée pour avoir embrassé ce soldat. Vous n'ignorez pas que c'est strictement interdit. Pas de contact entre les civils et les militaires. Si cela venait à se savoir, votre conduite mettrait en péril l'existence du théâtre aux armées.

Il semblait prendre plaisir à faire durer son supplice.

Mon Dieu je suis perdue!

La tribu jaillit d'un bond. Le pagne du comptable glissa sur ses mollets, découvrant un caleçon de flanelle usé. L'employé bougonna, il n'avait pas demandé à faire le sauvage.

Sans l'intervention de Dussane, vous n'y coupiez pas. Adès prenait des pauses pis qu'un vieux cabot. Une amie fidèle que vous avez là. Il avait été décidé que Blanche ne pourrait présenter le concours du conservatoire. Son absence de moralité était incompatible avec une institution aussi vénérable.

Ils reprirent la scène une troisième fois, sans anicroche. Ils firent une pause le temps que les machinistes changent le décor — des huttes jaune paille peintes en enfilade, ornées de crânes, de tibias.

On attacha Blanche à un poteau de torture. Faut pas trop que tu bouges, il est juste posé, la prévint un des machinistes. Comme à l'Ambigu, elle s'était arrangée pour se placer sous leur protection. On lui présenta le lanceur de couteau. Un homme maigre dont la moustache blonde tranchait avec la teinture noire de son visage.

Pendant qu'il se préparait, Blanche observa sur un plateau voisin le tournage d'un mélodrame historique. Des portants chargés de costumes encombraient l'allée. Elle se plaisait dans cette ambiance fébrile, un bazar d'histoires qui se renouvelaient sans cesse. Cent vingt mètres de pellicule, enroulés dans des boîtes. Les boîtes filaient dans les salles. Les salles se remplissaient de spectateurs. Les spectateurs avalaient deux films par soirée. Une histoire chassait l'autre. Tu es une jeune fille dont le fiancé a disparu. Tu es une aventurière en Afrique. Tu es une princesse qui a perdu son royaume. Elle existait, elle existait, bondissait de l'une à l'autre, des ressorts simples, comme un baiser à un soldat, une nuit à regarder les étoiles. Tu es une orpheline à la merci de son tuteur, une secrétaire que veut épouser son patron. Elle retrouvait le plaisir du théâtre de boulevard. Une théorie d'existences, dans lesquelles elle espérait perdre sa trace. D'autres vies semaient la sienne, la guidaient. Une paysanne ingénue. Une chrétienne livrée aux lions. Un départ, une arrivée, tous les trois jours, un dénouement. Elle jouait avec le sentiment fiévreux d'une revanche.

Nelly Martyl l'avait traitée de fille publique. Cécile Sorel ne lui avait pas même adressé un mot. Au repas suivant, Fursy, passablement éméché, s'était proposé de remplacer Antoine. Elle l'avait repoussé. Seul Delambre s'était montré attentionné. Après avoir cru sa conquête facile, il se rendait compte qu'elle pouvait lui échapper. Dehors, Antoine jetait des regards aux lumières du premier étage. Elle feignait de l'ignorer, s'arrangeait pour apparaître à la fenêtre en compagnie du capitaine. Elle aurait voulu effacer ce baiser, fâchée après Antoine, accablée de le blesser, elle aurait voulu un autre baiser. Dussane faisait montre d'une gaieté enjouée. L'incident, comme les autres l'appelaient, signait l'élimination définitive d'une rivale.

Nouveau coup de sifflet. Les yeux de Blanche cillèrent à peine quand le couteau se planta au-dessus de sa tête, l'habitude du numéro de Victor. Perret hurla. Je veux que tu aies les foies ! La seconde prise fut la bonne. Elle trembla des épaules, fléchit les jambes, laissa tomber sa tête sur le côté tout en se retenant pour ne pas renverser le poteau.

Un peu plus tard, au Canon de Belleville

Le midi, la salle de restaurant ressemblait à un livre d'histoire. Faute de temps, les comédiens enfilaient un manteau par-dessus leurs costumes. Les tables étaient occupées par des soldats de la Grande Armée, des explorateurs en vareuse et short blancs. Un acteur de péplum déjeunait en chlamyde de sénateur romain. Ils gardaient aussi leurs barbes postiches, leur maquillage qui leur donnait le teint blanc, les yeux cernés de noir, tels des revenants.

Perret, seul à une table, relisait les scènes à tourner l'après-midi. Je vais le tuer, pestait-il en repensant à l'intervention de Léon lors de la scène avec les sauvages. Ses récriminations continuelles menaçaient le film. Presque une demi-journée de retard. Le réalisateur ratura divers passages du scénario, griffonna une fin nouvelle. Il se frotta les mains. Mort à quatorze heures, renvoyé à quatorze heures trente. Solde de tout compte à quinze heures. Il faudrait changer le titre du film. *La Reine des amazones.*

Même Abraham Dreyfus l'avait abandonnée. Sur le quai de la gare de l'Est, la petite troupe s'était quittée avec effusion. Blanche avait filé sans un regard.

Elle n'aurait pas su leur expliquer pourquoi elle avait embrassé Antoine. Pour couper court à ses sentiments naissants, comme à son habitude. Elle savait juste qu'elle ne voulait pas s'excuser, encore moins se justifier. Le soldat Rivière, comme disait Delambre, paraissait perdu et fort à la fois. Elle avait chassé son image. C'était du passé maintenant. Mademoiselle Beaulieu ! Dreyfus avait pressé le pas, aussi vite que son âge le lui permettait. Il fixait ses gants. Les épaules de Blanche s'étaient mises à trembler. Elle ne voulait pas pleurer devant lui. Il lui avait glissé quelques billets dans la main, presque forcé à les prendre. Elle comprenait, n'est-ce pas ?

Blanche entra dans le restaurant.

Une actrice, habillée en duchesse, une perruque blonde sur la tête, une robe de velours au large décolleté, lui fit signe de la rejoindre à sa table. J'te recommande le veau, il est bath. Sa voisine, qui tournait dans *Cupidon règle ses comptes*, approuva. Leur jalousie de seconds rôles pour les vedettes naissantes les poussait à se serrer les coudes. Leur rivalité ressemblait à ce que Blanche avait connu à l'Ambigu. Chacune se préoccupait de faire durer le tournage pour obtenir un service supplémentaire. Tout l'art consistait à revenir le lendemain.

L'une comme l'autre approchaient des vingt-cinq ans, avaient joué dans plus d'une cinquantaine de films. La duchesse parlait de retourner au music-hall où elle avait débuté. Elle se tâta les hanches, remonta sa robe pour montrer ses jambes. J'suis pas sûre qu'ils achèteraient encore la marchandise ! On vieillit trop vite... lâcha-t-elle philosophe. Elle repoussa son assiette, étala le journal devant elle. Elle éplucha la rubrique des pages culturelles. Le two-step ! Ils ont plus que ce mot à la bouche. Elle avait commencé avec le cancan, puis s'était mise au tango quand il avait débarqué à Paris. Elle entoura une réclame qui proposait des cours pour apprendre la nouvelle danse. L'autre actrice, penchée sur son épaule, lui conseilla d'acheter plutôt une méthode. Elles feraient part à deux, s'entraîneraient ensemble. Elles proposèrent aussi à Blanche. Elle déclina. Elle préférait jouer. C'est vrai que t'es encore jeune toi, se lamenta la duchesse. Elle lui tendit la page des annonces pour des auditions.

L'Ambigu recherchait une débutante pour la rentrée. Un bref pincement. Blanche se demanda si Marthe avait fini par lui pardonner. La signature de l'article en dessous attira son regard. Le Veilleur. Elle chercha où elle avait déjà entendu ce nom, lut le titre. « Arrestation d'une espionne au service des Boches. »

Elle poursuivit. « *Une femme d'une quarantaine d'années répondant au nom de Madeleine Cadet a été arrêtée hier matin à son domicile de la rue des Serres. On se souvient qu'il y a environ un an, cette "femme", qui s'habille volontiers comme un homme, avait proposé à nos chers députés la création d'un régiment d'amazones. Elle rêvait de les voir combattre sur le front. Heureusement personne n'avait été dupe de cette mesure de démoralisation de nos poilus.*

« *L'auteur de ces lignes a eu personnellement maille à partir avec cette furie. En février dernier, elle a tenté de l'assassiner dans les bureaux mêmes du journal. Elle y serait sans doute parvenue sans le secours de notre courageux rédacteur en chef.*

« *La police a découvert chez elle nombre de livres en allemand, langue qu'elle maîtrise apparemment parfaitement, ainsi que de la propagande pacifiste. Nous nous associons au chagrin de son père, M. Pierre Cadet, professeur des hôpitaux de Paris et membre de l'Académie de médecine. Contacté par nos soins, il a déclaré avoir perdu toute relation avec sa fille depuis plusieurs années.*

« Mlle Cadet s'était fait connaître avant guerre pour être la première femme à entrer comme interne en psychiatrie. Elle était aussi connue des services de police pour avoir fréquenté les milieux socialistes et anarchistes. Le juge Rétière chargé de l'affaire la soupçonne en outre de s'être livrée à plusieurs avortements clandestins, privant ainsi la patrie de jeunes bras ô combien nécessaires en ces temps de guerre. Selon M. Rétière, cette malheureuse donne des signes évidents de dérangement mental. On mesure une fois de plus les dangers de l'étude de matières difficiles comme la psychiatrie pour des esprits fragiles et féminins. »

Elle déchira le journal. Ça va pas ? l'interrogea la duchesse. Blanche renversa sa chaise en sortant.

Elle ne put se retenir de pleurer. À son retour à Paris, elle n'avait pas osé rendre visite à Madeleine. Un sentiment de honte, plus encore de page tournée l'avait retenue. Ses larmes faisaient couler son fard, creusaient des traînées sales le long de ses joues.

Même perdus de vue, les gens restaient vivants dans sa mémoire. Elle était encore à l'âge où l'on est certain de les revoir un jour.

Pendant ce temps chez les sauvages...

L'après-midi traîna en longueur. Il y eut d'abord l'éviction de Léon. Quand Perret lui annonça sa mort dans la scène suivante, il s'étonna. Nick l'aventurier ne peut pas disparaître, s'insurgea-t-il. J'ai changé le scénario. Le titre aussi. Désormais c'est Blanche l'héroïne.

Après la mort de Nick, elle devient la chef des sauvages. Léon se mit à trépigner. Et moi je fais quoi? Tu passes à la caisse! Il refusa de tourner la scène. Nick l'aventurier! Il peut pas mourir! La menace de le faire rosser par les machinistes le ramena à la raison. Il décéda fort noblement, conserva la même dignité en quittant le plateau. Il ne put se retenir cependant d'injurier Blanche. C'était la deuxième fois qu'elle lui portait la guigne.

Blanche dut tour à tour interpréter la grande danse rituelle de la tribu pour se faire accepter à leur tête. Une sorte de cake-walk à la sauce sauvage. Le comptable eut du mal à suivre le rythme. Défier ensuite l'ancien chef dans un combat. Grâce à la magie de l'homme blanc, un briquet faisant du feu, elle le terrassa sans difficulté. Enfin vaincre les ennemis traditionnels de ses sujets, de féroces cannibales. La réussite du trucage, un peu de poudre censée imiter l'explosion d'un bâton de dynamite, fut ternie par un début d'incendie. L'opérateur n'avait pas cessé de filmer. Perret était très satisfait. Les flammes devraient rendre un effet puissant à l'écran. Il félicita tout le monde. L'intensité des scènes et le rythme soutenu permirent à Blanche d'atténuer sa peine. Elle s'en voulait de n'avoir pas su répondre à l'affection de Madeleine.

Éteignez les chariots! lança Perret. Même service demain! ajouta le régisseur. Encore une journée de gagnée.

L'obscurité envahissait doucement les studios. La pénombre donnait aux décors un air de fin de partie, l'heure où les enfants du quartier rentraient chez eux.

Blanche se promit de rendre visite à Madeleine, en prison ou à l'asile.

La prophétie d'une vieille chiromancienne

Le directeur de la production, Louis Feuillade, observait les comédiens depuis la fenêtre de son bureau. Il appela Blanche.

Ce n'était pas un homme bavard. Il allait à l'essentiel comme dans ses films. L'efficacité avant tout. Pas très affable non plus. Il gardait sur la tête son cronstadt qui masquait sa calvitie sur le sommet de son crâne. Ses petites lunettes rondes cerclaient son regard de Chinois avisé.

Le patron a vu les premières scènes du film. Moi aussi. Tu nous as plu.

Il attendit de voir l'effet de ses paroles sur Blanche. Elle ne broncha pas.

Il y a des femmes qui ne sont belles qu'en couleurs. Toi c'est différent. Tes formes blanches et noires se découpent sur l'écran comme des ombres chinoises. Plus intéressant encore la profondeur de tes yeux. Bien mis en valeur par des gros plans, ils hypnotiseront les hommes.

Elle rougit. Pas même Victor ne l'avait évaluée avec une telle froideur objective.

Il lui proposa de jouer dans la série qu'il était en train de préparer pour faire la nique aux Américains. Ils l'avaient annoncée pour la fin de l'année, *Les Mystères de New York*. La Gaumont allait aussi réaliser un ciné-roman policier. Il avait songé à elle pour le rôle de la méchante. L'égérie des bandits. Tu ne dis rien?

Combien de temps? demanda-t-elle. Combien je serai payée?

Il ne s'était pas trompé. Elle n'était pas du genre à rêver de gloire ou à multiplier les caprices. Six mois au moins. Cinquante francs le cachet. Si le premier épisode marche, soixante-quinze.

Elle acquiesça. Il se félicita de l'avoir embauchée. Il se promit de remercier Sarah Bernhardt à l'occasion.

Blanche lui adressa un sourire mélancolique.

Peu après avoir passé la gare d'Épernay, Sarah Bernhardt avait demandé à lui parler. Enfoncée dans son siège, elle disparaissait sous les fourrures, les écharpes. Un échevèlement roux sur la tête. Elle invita Blanche à s'asseoir en face d'elle.

Elle ressemblait à une vieille diseuse de bonne aventure. Vous n'avez aucun sens artistique. Elle trouvait à Blanche malgré tout une présence. Charnelle elle voulait dire. Elle hachait ses mots, lasse, sautait d'une pensée l'autre. Elle aurait voulu mourir sur le front, une belle fin, à défaut terminer sur scène. La destinée l'avait gâtée. Elle en demandait peut-être trop.

Sarah ne se faisait aucune illusion sur ses premiers succès. L'odeur du sexe, voilà ce qui plaît au public. Les hommes goûtent avec leurs yeux. Elle avait compris plus tard. Elle était comme la pythie de Delphes. Une messagère. Une prêtresse. Pas des dieux mais de l'art.

Elle s'était tue un moment. Les souvenirs s'écrasaient contre sa mémoire à la façon de la pluie sur la vitre.

Elle avait remarqué comment les hommes guignaient Blanche. Elle avait ce talent. Un talent animal. Une des deux faces. Enfin peu importait. Elle ouvrit son sac en velours. Blanche aperçut un bric-à-brac de bijoux, de papiers griffonnés, d'étoles. Sarah en sortit une carte de visite. Louis Feuillade, chef des services de théâtre et de la prise de vues, Établissements Gaumont.

Elle conseilla à Blanche d'aller le voir de sa part. Il lui donnerait certainement un rôle. Elle jouerait dans le cinématographe. Sarah prononça le mot avec éloignement.

Elle coupa court aux remerciements de Blanche. Elle avait cette invention en horreur, bien qu'elle ait joué dans deux ou trois productions. Elle n'avait pas supporté de se voir sur l'écran. On ne voit que ses défauts, on se promet de s'améliorer, de progresser. Un petit ricanement la secoua. Progresser. Il n'y avait rien de plus ridicule en art. Elle s'était vue gesticuler, grimaça-t-elle. Elle jouait sans voix comme un opéra sans musique. La voix était la danse de l'âme.

Elle ne doutait pas qu'un jour les films parviendraient au sonore, à la couleur. Alors c'en serait fini. Elle appartenait à un monde en train de disparaître sous les coups du progrès. Le théâtre, celui auquel elle s'était dévouée toute son existence, était le lieu de la convention. Ce nouveau divertissement, lui, n'avait qu'un seul but. Rendre la réalité. Quand il aurait la parole et la carnation, la convention cesserait d'exister. Et avec elle l'imagination. Il prétendait déjà avoir vaincu la mort. Elle soupira. Elle préférait survivre dans les mémoires, plutôt que d'être une image empaillée sur la pellicule.

Au moment de la congédier, Sarah l'avertit. Méfiez-vous du cinématographe.

Elle s'était renfoncée dans son siège, sous ses fourrures.

La caméra est un œil qui ne se laisse pas séduire.

Feuillade avait mis les moyens. L'avenir des établissements Gaumont en dépendait. Il fallait un succès, et vite. Ce serait *Les Apaches*. Il avait promis au patron de tenir le budget. Six francs du mètre de pellicule. Mieux que les Italiens et les Américains.

L'histoire importait peu. Feuillade savait juste que Blanche en serait l'héroïne, Vera Vir. Elle dirigerait une bande de brigands qui multiplierait les vols, les crimes.

Il confia aux costumières le soin de fabriquer une tenue spéciale pour Vera Vir. Dès qu'elle était sur un coup, Blanche devait revêtir un maillot de coton qui lui couvrait tout le corps, ne laissait visibles que ses yeux. Un premier essai se révéla décevant. Le tissu baillait aux manches, se boudinait au ventre, aux mollets. Il n'accrochait pas la lumière, se plaignait l'opérateur. On aurait dit un mauvais déguisement de fête. Et si on le faisait en soie ? suggéra Blanche.

Le premier jour de tournage, elle se présenta sur le plateau dans son nouveau costume. Les conversations des techniciens, les répétitions des comédiens s'interrompirent. Feuillade, de dos, hurlait après les assistants. Elle passa devant lui. Son sifflet s'échappa de sa bouche. Elle gagna sa place, une échelle appuyée contre le mur d'une maison qu'elle devait cambrioler. Sa combinaison faisait ondoyer son corps tels les orbes d'un serpent. Comme une seconde peau, sans couture ni pli. Elle portait juste un vague plastron blanc dessous pour cacher sa poitrine. Toute l'équipe observait Feuillade. Le réalisateur n'avait pas bougé, sous le charme vénéneux de Vera Vir.

Dès lors, il n'eut de cesse que de mettre en valeur cet élixir de femme, comme il l'appelait. Le scénario changeait sans cesse, au gré de ses inspirations. Il voulait toujours plus de scènes à grand tapage.

Le film débutait en prison où Vera Vir purgeait une peine de dix ans. Elle s'en évadait dès le deuxième plan. Blanche dut sauter par-dessus un mur. Sans argent pour voyager, elle se glissa jusqu'à une gare de marchandises de la région parisienne. Une caméra sur la voie, une autre sur le toit de la station. Blanche s'assit sur l'essieu entre les roues. Le décor défilait en arrière-plan. Pas assez spectaculaire, jugea Feuillade. Il réécrivit la séquence suivante. Tu es exténuée de voyager ainsi. Tu tombes sur les rails. Et tu t'aplatis pour laisser passer le convoi.

Blanche s'allongea, un, deux, dix, vingt, cinquante wagons défilèrent au-dessus d'elle. Des gifles d'air ballottèrent son visage, une pluie de graviers la meurtrit. Elle se releva sonnée. Coupez !

Vera Vir séduisait les hommes, pantins entre ses doigts sensuels, avides. Ils succombaient à son charme, se pliaient à sa volonté. Un baiser, lorsqu'il est donné avec son cœur, est une arme bien plus mortelle qu'un revolver, était-il écrit sur un carton à la fin de la scène où Vera Vir embrassait le chef de la bande rivale. Il titubait, sonné par l'ivresse des lèvres, nectar et poison. Il devenait son amant avant de périr dans un incendie. Personne ne devait s'interposer entre elle et Feuillade. Il faisait disparaître les caïds dont elle était la maîtresse, cherchait dans l'urgence de nouveaux acteurs.

Le corps de Blanche occupait tout l'écran, martyrisé, magnifié — les plans étaient comme des mains qui le pétrissaient avec avidité. Feuillade la tyrannisait, la broyait, étanchant son désir en la plaçant dans les situations les plus dangereuses, la bourrelant comme s'il voulait rompre le sortilège, l'instant d'après empressé, attentionné. Il lui avait fait aménager une loge, au-dessus du plateau, qu'il avait arrangée à son goût, tapis persans, tentures moirées et lourdes.

Mets un chapeau épais, mets des gants, un gros manteau. Chaque jour, il se faisait plus tyrannique. Blanche ne posait pas de questions. Elle décrochait des tableaux de maître dans le salon d'un riche diamantaire. La police débarquait. Feuillade hurlait Cours ! Vera Vir s'enfuyait par un large corridor. Au milieu, elle posait le pied sur une carpette, le sol se dérobait, elle tombait de trois mètres sur des matelas...

Le despotisme de Feuillade était pour elle un havre. Le réalisateur lui rappelait à la fois Dreyfus et Victor. Avec le premier, Feuillade partageait la même volonté de la façonner, rêve de Pygmalion, mais il possédait aussi, ainsi que le second, le sourd désir de la réduire à sa merci. Feuillade multipliait les cascades violentes, comme autrefois Victor les coups simulés. Une même rage de la posséder animait les deux hommes, qui rassurait Blanche. Ils ne pouvaient l'atteindre, sensation familière qui la laissait étrangère à leur égarement.

Les changements perpétuels de scénario procuraient à la jeune femme de délicieux frissons. Loin des dénouements attendus, elle était passée de l'autre côté, celui des méchants, où, si l'on sait comment les choses finissent, on ignore tout du chemin. Une poignée de porte occupait tout l'écran, tournait avec lenteur, menaçait l'héroïne. On n'était jamais sûr de la suite, les signes n'auguraient pas de la chute.

Les courbes fauves de Blanche, sa peur charnelle et plus encore sa distance que Feuillade savait saisir à l'écran tout en souffrant, ce qui le poussait à redoubler de cascades, donnaient à Vera Vir un éclat que rien ne présageait dans l'histoire. Elle était attirante et fuyante. Comment Dieu a-t-il pu te donner un si puissant attrait, se lamentait Feuillade, et aussi peu de cœur ?

Tous la croyaient sa maîtresse, mais le cinéma lui procurait ce qu'elle cherchait chez les hommes comme lui ou Victor. La jouissance d'étreintes renouvelées auxquelles elle se livrait sans avoir à s'impliquer dans chaque scène.

Blanche renouait avec sa vie au temps de l'Ambigu. Même son goût pour les petits plaisirs avait réapparu. Avec ses cachets, elle s'était acheté le vase au bleu laiteux de la rue Bonaparte, plusieurs paires de bas en soie, des escarpins à sa taille. Elle profitait des scènes où elle n'était pas pour faire un saut à la pâtisserie de la rue des Solitaires. Feuillade s'emportait, il pouvait avoir besoin d'elle. Elle refusait d'y envoyer un garçon d'accessoires. Elle tenait à faire elle-même le chemin. La mercerie à l'angle de la rue de la Villette marquait le début du cérémonial. Elle savait qu'après viendraient les immeubles à trois ou quatre étages, la longue palissade aux planches cassées par endroits qui laissaient entrevoir un terrain vague, la petite villa aux murs jaunes et enfin la devanture de paris-brest, de tartes aux couleurs vives. Elle poussait la porte. Le timbre de la sonnette faisait surgir une femme replète de l'arrière-boutique.

Blanche avait loué un petit appartement dans la rue Fessart, juste à côté des studios Elgé. La journée de tournage terminée, elle se promenait dans le quartier. Elle y avait passé son enfance. Elle finissait par rejoindre la rue Mélingue. Elle se postait sur le trottoir d'en face, observait l'immeuble de ses parents, guettait la fenêtre du premier étage. Au bout de quelques minutes, elle repartait, regrettait d'être venue et plus encore de savoir qu'elle reviendrait le lendemain.

En une semaine, le premier épisode des *Apaches* fut dans la boîte, monté et prêt à être diffusé.

Feuillade réussit à convaincre Gaumont d'en faire un événement. Le patron lâcha quelques billets à contrecœur pour louer un château près de Paris. Il y convia la presse, l'équipe du tournage et quelques personnalités.

Au beau milieu de la réception, la lumière s'éteignit. Sous le halo d'un projecteur, Vera Vir surgit en haut de l'escalier principal. Le noir se fit presque aussitôt. Un autre cercle lumineux éclaira l'entrée. Vera Vir jaillit à nouveau, frappant de stupeur les invités. Dans les secondes qui suivirent, le jeu d'obscurité et de lueur s'intensifia, l'héroïne se multiplia, se trouvant quasi simultanément à dix endroits différents. Il semblait qu'elle était partout, tenant à sa merci les convives. Feuillade donna un bref coup de sifflet. L'éclairage cru fit apparaître la dizaine de Vera Vir. Le réalisateur avait déguisé plusieurs jeunes femmes en reine des apaches. Il annonça que seule l'originale se prêterait aux questions des journalistes, à charge pour eux de la démasquer...

Presque tous reconnurent Blanche, à sa grande surprise. Ils brûlaient de tout savoir d'elle, de son passé, de ses conquêtes. Elle aurait voulu avoir la repartie de Cécile Sorel ou de Sarah Bernhardt, se contenta de quelques phrases brèves, redoutant que ses interlocuteurs ne découvrent l'imposture. Elle n'était pas de la même eau que ces divas, pas même de Marthe, la vedette de l'Ambigu.

Ses réponses laconiques, loin de les rebuter, les conquirent. Elles leur permettaient de construire un personnage à la froideur électrisante, propre à séduire leurs lecteurs. « Le mystère Vera Vir. »

Elle finit par couper court à leurs questions, s'éclipsa sur la terrasse.

Des rangées de hêtres et de chênes délimitaient la fin du parc. Leur géométrie bien ordonnée, soulignée par la lune gibbeuse, déconcerta Blanche. Elle ne retrouvait pas la force du bois de Gérardmer. C'étaient pourtant les mêmes arbres aux troncs lancés vers le ciel, mais leurs ramilles taillées, les buissons élagués leur ôtaient toute énergie. Des lanternes placées à intervalles réguliers à la lisière du bois les baignaient d'une lueur falote. Là-bas dans les Vosges, la neige leur insufflait un air de majesté, un calme qui s'infusait en elle. Elle n'avait plus peur. Juste un désir intense de sentir le sang battre, irriguer ses muscles.

Elle n'était pas prête au soudain intérêt des journalistes. Elle sentait qu'ils allaient l'obliger à sortir de son silence. Elle n'avait désiré ces marques de notoriété que sous le coup de la colère. Pour se venger. Quand Marthe ou Dussane lui faisaient une vacherie. Elle n'aspirait qu'à jouer, à se laisser guider par d'autres. La forêt ébranchée devant elle lui fit sentir sa propre passivité, l'attrista.

Je te cherchais...

Feuillade s'approcha d'elle jusqu'à la toucher. En proie à une émotion qu'il cherchait à retenir, il lui parla des réactions des journalistes. Quand il avait eu l'idée de déguiser des figurantes, il était certain qu'ils la reconnaîtraient. Il se reprit. Pour être sincère, il voulait être sûr que le charme de Blanche agissait sur les autres autant que sur lui. Il rougit.

Elle chercha à chasser sa gêne. Les figurantes étaient trop grandes, trop maigres. Elles avaient une allure plus féminine, une élégance qu'elle n'avait pas.

Feuillade eut un raclement de gorge railleur.

Ton regard, ma petite gueulette ovale. Ton regard, si lumineux, si lointain. Les hommes n'apprécient pas qu'on n'ait pas besoin d'eux et en même temps cela les fascine.

Les hêtres et les chênes parurent se rapetisser sous le poids des mots du réalisateur. S'il avait pris le temps d'y réfléchir, Victor aurait pu dire la même chose.

Blanche avait du mal à respirer. Elle ne pouvait offrir plus que son corps. Ne le voulait pas. Le souvenir d'Antoine, à ses côtés dans la neige, lui revint.

Elle prit le bras de Feuillade, cala sa tête contre son épaule.

Lorsque j'étais en tournée, un soldat m'a expliqué que chaque étoile était la tombe d'un camarade mort au combat. Il espérait que la sienne serait voisine de celle de son ami. Pour passer l'éternité ensemble.

Elle trouvait belle cette idée qu'à la fin on se retrouvait.

Plus tu te donnes, plus tu t'échappes, sourit tristement Feuillade.

En quelques semaines, le premier épisode des *Apaches* battit tous les records de recette. Un triomphe ! jubilait Feuillade. Enfoncés *Les Mystères de New York* !

Blanche reçut des monceaux de courrier. Des lettres de soldats surtout. Certaines grossières lui proposaient de coucher avec eux à leur prochaine permission. D'autres timides lui demandaient de bien vouloir être leur marraine. La plupart la remerciaient des rêves qu'ils avaient faits les jours suivant la projection du film.

L'état-major s'en était inquiété. Le ministre de la Guerre avait écrit à Léon Gaumont pour lui demander de bien vouloir présenter une image moins lascive de l'héroïne dans les prochains épisodes. La préfecture de police se joignit aux récriminations, se plaignit de la façon dont la bande de Vera Vir ridiculisait ses agents.

Gaumont s'effrayait. Plus de scènes osées, plaidait-il, pas d'adultère, on ne pourra pas le vendre aux Anglais et aux Américains ! Et surtout, clamait-il, pas de folies ! Ne faites pas cher et vous durerez !

Feuillade agitait la tête, promettait. Le crime serait puni à la fin, l'ordre rétabli. Il envoya Blanche patronner un gala au bénéfice des orphelins de la police. Elle posa avec le chef de la Sûreté. Il rassura l'armée. Aucune scène ne porterait atteinte au moral des poilus.

Mais son imagination était une cocotte-minute en pleine ébullition.

Fin mai, le nouvel opus des *Apaches* fut mis en chantier. Il fit faire à Blanche un nouveau costume. Toute la presse fut bientôt avertie que le célèbre couturier Paul Poiret était l'auteur de cette tunique qui dissimulait la grosseur des mollets de Blanche, soulignait ses rondeurs en une silhouette féline. Une maquilleuse était présente en permanence sur le plateau, Feuillade voulait les lèvres de Vera Vir toujours plus sombres, ses yeux toujours plus charbonneux. Du khôl pour dissimuler ses cernes. Plus noir ! Plus profond !

Les boîtes de pellicule se succédaient. Vera Vir s'échappait d'un train en feu, sautait du toit d'un immeuble, survivait à l'explosion d'un bateau. Personne ne comprenait plus rien au scénario. La manivelle ne devait pas s'arrêter de tourner. Les opérateurs se relayaient. Feuillade s'en moquait. Six francs le mètre ! Ses coups de sifflet transformaient le film en une locomotive lancée à pleine vapeur.

À l'été, un troisième, un quatrième épisode suivirent, aux titres prometteurs. *Les Yeux qui tuent*, *Les Noces sanglantes*. Vera Vir y enchaînait les conquêtes, des princes, des hommes d'État, des businessmen. Elle les embrassait avec langueur. Je préférerais mourir de tes lèvres que d'une balle boche, lui avait écrit un artilleur de Toul. Un baiser à la Vera Vir. Des milliers de lettres le réclamaient, comme s'il pouvait les protéger des canons, des mitrailleuses, et plus encore des poux, des rats, de la boue. Un baiser à la Vera Vir. La presse avait lancé la mode, un teint pâle, des yeux marqués au noir et une bouche ténébreuse comme une nuit ardente.

Blanche en plaisantait. Les hommes qui l'avaient embrassée n'étaient pas devenus des marionnettes.

Antoine avait d'abord paru stupéfait. Il s'était laissé faire, apathique comme à son habitude, avant que sa langue réponde à la sienne, une danse douce, complice, que ses mains accompagnaient en remontant le long du dos de Blanche.

Presque aussitôt, une autre image remplaça le souvenir d'Antoine.

Armand lui avait donné rendez-vous devant la grotte des Buttes-Chaumont. Il l'avait entraînée à l'intérieur, s'était jeté sur elle. Sa langue s'était introduite avec force entre ses dents, son contact chaud l'avait électrisée. Sa fine moustache lui caressait la peau. Des picotements agréables lui remontaient le long des jambes.

Armand s'était reculé, pour observer l'effet produit sur elle. Blanche rayonnait. Son premier baiser. Elle était une femme désormais.

Elle lâcha une respiration profonde qui détendit chaque fibre de son corps. Elle pouvait enfin songer à lui sans souffrir.

Les épisodes s'enchaînaient, le succès ne se démentait pas. Lorsqu'elle arrivait aux studios, Blanche sentait les regards admiratifs, envieux de ses copines du Canon de Belleville. Sans doute faisait-elle désormais l'objet de leurs médisances. Ta carrière est faite, lui répétait Feuillade.

Blanche conservait la retenue de celle qui redoute que tout s'arrête.

Elle recevait toujours plus de lettres. Des lettres de soldats en grand nombre. Elle les lisait toutes, attendrie par leurs phrases maladroites, directes. Feuillade lui proposa les services d'une secrétaire qui traiterait tout ce courrier. Elle enverrait à chacun une photo dédicacée. Blanche refusa.

Des bouquets de fleurs aussi, plus que Marthe en avait jamais reçu. Des hommes lui promettaient de se ruiner pour elle, voulaient l'épouser, étaient prêts à se tuer en cas de refus. Les journaux énuméraient ses conquêtes. Des marchands, des fonctionnaires, des officiers. Ils juraient. Des sentiments. Et encore des sentiments. Des bijoux. Des robes. Une procession de galants, d'énamourés, de godelureaux. Vera ! sois à moi. Elle s'en amusait, se taisait, paralysée par tant de passions. Ce n'est pas moi. Je suis Blanche, blanche comme la page. Leurs serments, leur foi, leurs élans passionnés lui rappelaient les protestations d'Armand. Ils lui donnaient envie de s'enfuir à nouveau. Son silence avait raison de leur insistance.

Tous les jours, les journalistes l'attendaient à la sortie du studio en quête de scoops. Feuillade les bousculait. Mlle Beaulieu n'a pas le temps. Il s'occupait de tout. Ce que Victor avec ses combines n'avait pas réussi, Feuillade et sa caméra étaient en train de l'obtenir. Elle lui appartenait.

Un matin, Blanche monta dans le bureau du régisseur pour réclamer une augmentation. Cent francs par jour. Elle était persuadée qu'ils la vireraient. Elle s'y était préparée. Une façon de tout arrêter, d'échapper à l'emprise du réalisateur. L'employé s'effraya. Jamais monsieur Gaumont n'autorisera de tels émoluments. Cent francs ! Elle sentit sa détermination faiblir. L'autre poussa son avantage. Je ne donne pas une telle somme aux sociétaires de la Comédie-Française. Cent francs ! fulmina-t-elle. Ou j'arrête ! Léon Gaumont interrogea Feuillade. On ne peut vraiment pas la remplacer ? Cent francs. Il céda dans la crainte de la voir partir chez Pathé.

Elle comprit que la lutte serait longue.

Le scénario prévoyait l'attaque d'une banque. Réunie dans son repaire, la bande réglait les derniers détails. Vera Vir écoutait en silence. Certains hésitaient devant la difficulté du coup. Elle leur redonnait du courage, leur promettant d'inoubliables étreintes.

Le réalisateur siffla. L'opérateur enclencha la manivelle. Blanche alluma une cigarette, refusa de jouer. Feuillade bondit de sa chaise en vociférant. Calme, elle lui démontra que c'était à Vera Vir d'élaborer le plan, de diriger le casse. Elle ne voulait plus que son personnage soit à la merci des hommes. Elle voulait les battre à leur propre jeu, comme aurait dit Madeleine. Feuillade ne décolérait pas. En plus les apaches ne se comportaient pas comme ça. Il s'étrangla. Qu'est-ce que t'en sais ? Elle lui expliqua quelques-unes de leurs combines, leurs attitudes, leur langage. Il se tut, l'écouta surpris. D'où tu sais ça ? Feuillade congédia l'équipe, emmena Blanche dans son bureau juste au-dessus du plateau. Redis-moi... Il nota d'abord une phrase ou deux, bientôt écrivit sous sa dictée.

Dans les jours qui suivirent, Blanche et Feuillade prirent l'habitude, après le tournage, de se retrouver dans sa loge. Ils discutaient des scènes à venir. Vera Vir devenait un ange du mal dont l'ingéniosité, le machiavélisme plus encore que ses formes, ses baisers forçaient la soumission des bandits. Ça va être du tonnerre ! s'exclama Feuillade. Ils venaient d'inventer un Fantômas au féminin, un génie maléfique en collant noir. Léon Gaumont, inquiet de la tournure du film, les rejoignait parfois. Il écoutait bouche bée l'actrice et son réalisateur lui raconter les prochaines scènes, conquis moins par le scénario que par leur fougue. Il feignait même de ne pas se souvenir qu'il avait interdit l'alcool dans les studios quand Blanche sortait de son placard une bouteille. Longue vie à Vera Vir ! s'exclamaient-ils en portant des toasts de porto au succès de la série. La liqueur rappelait à Blanche son apprentissage auprès de Dreyfus. Le souvenir du sentiment de sécurité qu'elle éprouvait alors avait eu raison de son aversion. Elle en buvait maintenant comme une potion fortifiante, ne pas oublier d'où elle venait, le chemin parcouru.

Dans la journée aussi, elle participait à la mise en scène. Quand elle ne tournait pas, elle s'installait derrière l'opérateur, suivait les déplacements des acteurs. De temps à autre, Feuillade l'interrogeait du regard. D'un hochement, elle approuvait ou l'obligeait à changer.

T'en as fait du chemin !

La voix s'instilla dans le cerveau de Blanche, la fit sursauter.

Catherine se tenait derrière elle, les mains sur les hanches. J'ai dit que j'étais ta sœur. La sécheresse avait achevé de manger ses traits. Seuls ses yeux conservaient une lueur enfantine.

Elle ne remarqua pas la gêne de Blanche. Elle surveillait les mouvements des machinistes.

Victor ne répondait à aucune de ses lettres. Les juges l'avaient condamné pour désertion, six mois dans un bataillon disciplinaire en Algérie, puis au front quelque part dans le Nord. La voix de Catherine avait la dureté d'une lame, sauf lorsqu'elle évoquait le retour de Victor. Ils finiraient ensemble. Elle avait quitté sa chambre de bonne, par peur du chef de leur ancienne bande.

Blanche lui demanda si elle avait appris pour Madeleine.

Catherine n'osait plus retourner à la Brasserie liégeoise, ni dans aucun des bars où elle risquait de tomber sur un type de la bande. Elle tapinait du côté de Montmartre, des sous de côté pour quand Victor... Elle avait tout prévu. Elle sortit un carnet. Des colonnes de chiffres d'une écriture tremblotante. Elle le plaqua contre son cœur. Tout est là ! Il n'y a qu'à suivre le plan.

J'ai mené mon enquête tu sais, clama-t-elle.

Blanche entraîna son amie jusqu'aux Buttes-Chaumont. Je ne sais pas comment, mais il l'a su. Blanche demanda qui. Ben le patron ! fit-elle d'un air de reproche. Elle avait prévenu Victor. Doubler la bande, c'était trop dangereux. Elle était sûre que le chef l'avait balancé. Elle éclata d'un rire dissonant. Je l'ai vengé ! Elle s'était glissée dans son bureau à la Brasserie liégeoise. Elle connaissait la combinaison du coffre. Des papiers très compromettants. Ses combines, les pots-de-vin, elle avait tout pris. Et menacé de balancer ça aux flics s'il ne faisait pas libérer Victor. Il la faisait chercher partout pour lui faire la peau.

Blanche s'effraya, lui proposa d'aller voir la police. Catherine s'emporta. Le patron niait toute implication dans son arrestation. Si ce n'est pas lui, c'est qui alors ?

Ils vont tous payer ! Catherine haussa les épaules. Avec la guerre, beaucoup de merceries étaient à vendre. Elle avait écrit à Victor pour savoir quelle ville il préférerait.

Son corps s'agitait, de brefs tremblements réguliers. Elle observait tour à tour l'entrée du parc en contrebas, les allées, le pont des suicidés.

Blanche passa son bras autour des épaules de son amie, la berça. Elle lui proposa de la faire embaucher chez Gaumont. Catherine la repoussa.

C'est cette garce de Madeleine ! cria-t-elle brusquement. Son ton était de plus en plus hagard. Cette grosse vache lui avait proposé son aide après l'arrestation de Victor. Comme si je voyais pas clair dans son jeu. Elle toisa un promeneur. Le vieux monsieur battit prudemment en retraite. Elle se pencha vers Blanche. Là où je l'ai envoyée, elle est pas près de mettre la main sur moi ! Catherine exulta. Blanche recula, abasourdie. Une pensée l'effraya. C'est toi ? La question jaillit en même temps sur les lèvres des deux femmes. Le regard égaré, Catherine se mit à courir vers l'entrée. Dans sa fuite, elle bouscula un passant, disparut sans se retourner.

La brutale réapparition de Catherine ne suscita qu'une tristesse fugace chez Blanche. Elle prit la direction de la pâtisserie de la rue des Solitaires, dans l'espoir que ses choux glacés à la crème fouettée viendraient à bout de sa mélancolie. La pâtissière, qui connaissait ses goûts, choisit ceux dont l'étage de crème débordait. À la caisse, Blanche découvrit que Catherine lui avait dérobé son porte-monnaie.

Pendant deux, trois jours, Blanche repensa à son ancienne voisine, à sa vie d'alors. Puis le souvenir s'effaça sans qu'elle cherchât à le retenir. Elle le savait. Cette fois, tout était fini.

Des lettres et encore des lettres, le flot semblait ne jamais vouloir se tarir. Des sacs entiers. On aurait dit que toute l'armée s'était décidée à lui écrire. Sa réputation de femme sans cœur aiguisait le désir des soupirants. Elle les repoussait désormais avec fermeté.

Feuillade peinait à la reconnaître. Il avait admis sa défaite, mais n'entendait pas la perdre. La nouvelle Vera Vir lui plaisait plus encore que l'ancienne. Gaumont était convaincu qu'il avait créé un monstre qui leur échappait. Le tournage continuait, affermissait chaque jour un peu plus Blanche. C'était elle maintenant qui faisait plier les hommes. Elle qui écrivait les histoires dans lesquelles elle cherchait une autre vie. Qui ordonnait les dénouements, son destin.

Elle envoya l'un des garçons de la Gaumont à l'appartement de ses parents, rue Mélingue. Il redescendit cinq minutes plus tard. Aucun Beaulieu. La femme qui lui avait ouvert ne connaissait pas ce nom. Si le gamin voulait parler des anciens occupants, elle ne savait pas grand-chose. L'homme était infirme. La vieille s'en occupait comme d'un enfant. La locataire actuelle pensait qu'ils étaient repartis dans la campagne de la femme. Ils lui avaient vendu tous leurs meubles. Elle tenta d'imaginer son père impotent. Sa mère tenait enfin sa vengeance. Blanche s'en voulut de n'être jamais retournée le voir. Elle ne fuirait plus désormais. Même le souvenir d'Armand avait cessé de le faire souffrir. Il ne lui revenait plus que des instantanés au parfum joyeux, des flâneries aux Buttes-Chaumont, des heures allongés côte à côte dans l'herbe ou bien dans le lit de leur garni, la douceur de sa peau, son torse imberbe qu'elle ne pouvait caresser que dans le noir.

Un soir au Chatham, un bar à la mode où elle avait traîné Feuillade, un aviateur en permission l'aborda. Vous pilotez un des nouveaux Caudron ? lui demanda-t-elle. Il s'émerveilla de ses connaissances militaires. Elle lui raconta le meeting en l'honneur des comédiennes en Alsace. Il s'enhardit à l'inviter à danser. Toute l'audace qu'il avait mise dans sa requête disparut lorsque l'orchestre se mit à jouer. Elle eut pitié de lui, le guida, lui coula à l'oreille une plaisanterie. Il éclata d'un rire un peu trop fort. Elle se raidit. Le rire trahit le caractère. La phrase lui revint en même temps que le visage d'Antoine dans la neige. Une douceur térébrante éclairait ses traits, réveillait une naïveté étonnante. Il avait dû être un homme plein de tendresse avant la guerre. Le souvenir l'émut. Son cavalier se méprit. Il poussa un ricanement effronté qui fit s'évanouir l'image d'Antoine.

La Tête coupée fut mise en boîte dans les premiers jours d'octobre.

Dès la fin de ce nouvel épisode, Feuillade se présenta dans la loge de Blanche. Le patron avait accordé le plus gros budget de la Gaumont aux nouvelles aventures de Vera Vir. Pas question de faire n'importe quoi, tempéra aussitôt le réalisateur. Blanche avait l'air épuisée. Il avait pensé, un tournage en extérieur. Quelques jours sur la Côte d'Azur la requinqueraient.

Le chauffeur, un petit homme d'une cinquantaine d'années, la casquette au velours élimé en arrière du crâne, ahana sous le poids de la malle. Blanche le suivait dans l'escalier, souffrait de le voir ployer les jambes sous la charge. Son taxi était garé devant l'entrée. Il enveloppa le bagage de lourdes sangles à l'arrière.

La voiture descendit sans encombre les rues de Belleville. Sur la place de la République, elle ralentit, un tramway encombrait le milieu de la chaussée. Les colonnes Morris à l'intersection des boulevards happèrent l'attention de Blanche. Elles annonçaient une nouvelle pièce pour la rentrée à la Comédie-Française, *Une rencontre*, écrite par Abraham Dreyfus. Elle se représenta le dramaturge dans son salon exécutant quelques pas de danse, un porto à la main. L'Univers semblait s'ordonner enfin correctement.

Les immeubles du boulevard Beaumarchais défilèrent, images saccadées par le mouvement disjoint des pavés. Blanche et le conducteur échangèrent un regard dans le rétroviseur. Elle éprouva soudain envers lui une confiance sans raison, réjouie d'être la seule passagère, comme si un lien secret les unissait tous les deux.

Elle lui laissa un si gros pourboire qu'elle s'en étonna elle-même.

L'équipe réduite à un opérateur, deux machinistes et Feuillade avait envahi la terrasse du café de la gare de Lyon. Blanche écoutait distraitement leurs conversations. Vera Vir ! Une admiratrice l'avait reconnue, la hélait depuis le hall. Blanche se retourna. Béatrix Dussane, une valise à la main, se jeta sur elle, lui donna sans façon deux baisers sonores sur les joues.

Elle se rendait à Marseille, quelques représentations pour les troupes coloniales. Elle plaisanta sur les goûts supposés des tirailleurs sénégalais en matière de théâtre. Elle lui glissa en confidence, il paraît qu'ils ne font pas la différence entre la scène et la vie, attendent les méchants de la pièce à la sortie pour les rosser ! Blanche, pressée d'en finir, se contentait de brefs hochements. Dussane, au contraire, prenait plaisir à être vue aux côtés de Vera Vir. Elle lui donnait des nouvelles des autres comédiennes. Blanche ne quittait pas des yeux la grande horloge au-dessus des quais. Quand Dussane en vint à Sorel, elle signala en passant d'un ton gêné au rappel d'un souvenir pénible, que la vedette repartait le mois prochain pour les Vosges. Une promesse qui avait été faite au général.

Le bruit des discussions alentour, des locomotives sur le départ, des crieurs de journaux, tout s'effaça soudain aux oreilles de Blanche. Antoine lui apparut un bref instant, l'étourdit. Quand ? L'intensité de son regard, de sa voix surprit Dussane. Le mois prochain, répéta-t-elle. Qui y participe ? Dussane risqua un sourire complice.

Blanche n'y prêta garde. Depuis son retour de Gérardmer, ses mains, son ventre, ses nerfs, tout son corps l'avaient toujours su. Seul son esprit l'ignorait. La certitude se fraya un chemin jusqu'à son cerveau, explosa dans sa tête. Si elle avait lu toutes ces lettres de soldats, c'était parce qu'elle n'en attendait qu'une. Celle d'Antoine.

Dussane, enchantée d'endosser son rôle préféré, celui de la bonne copine, la prévint. Sorel serait difficile à convaincre. Elle n'accepterait pas facilement sa présence dans la tournée.

Blanche eut une moue moqueuse. Pour la première fois de sa vie, elle ne fuyait plus, mais courait au contraire vers un but.

Au fond d'un canapé de velours noir, frangé d'or, Cécile Sorel, mille plis de satin, ses dix doigts couverts de bagues, l'accueillit avec froideur. Blanche voulait se racheter de sa conduite auprès des soldats qui luttaient pour la reconquête des provinces perdues. Sorel n'était pas du genre à se laisser impressionner par le tintamarre martial. Elle tira sur son fume-cigarette en ivoire. Blanche abandonna le ton drapeautique, plaida sa cause. Pourquoi tu ne m'as pas dit tout de suite que ton petit soldat te manque ?

Feuillade fut plus difficile à convaincre. Laisser partir quelques jours sa vedette au début du sixième épisode représentait une perte d'argent. Blanche lui offrit de dédommager les studios, de renoncer à ses cachets jusqu'à la fin du tournage. Il pressentait une autre raison à son départ. Il refusa. Il est jaloux, se dit-elle. Jaloux d'un homme dont il ignore l'existence. Ses joues rondes conservaient le hâle du séjour sur la Côte d'Azur. Dans ses yeux brillait une lueur nouvelle. Il craignit de l'avoir perdue. Elle menaça de démissionner. Tu brises ta carrière ! Elle s'en moqua. Je te traînerai devant les tribunaux ! Je te ruinerai ! Elle sourit. Je... Il se résigna. Quatre jours tu m'entends ! Quatre jours ! Pas un de plus !

Elle n'avait plus peur. Les lèvres d'Antoine avaient le goût des étoiles, ses mains étaient douces comme la Voie lactée.

Elle était une femme sans passé.

Les arbres effeuillés se serraient les uns contre les autres. L'horizon évaporé s'accrochait à leur faîte. La lumière de la fin novembre noyait tous les moments de la journée en une même teinte grise. Blanche essaya de se rassurer en pensant qu'il l'attendait. Depuis son départ, elle retournait la scène dans sa tête. Les autres monteraient dans la voiture, elle lui glisserait je suis venue pour toi. Il rougirait, elle en était sûre. Il prendrait un air fermé. Pour toi, elle répéterait avec gourmandise. Elle espérait qu'il se laisserait aller à rire. Le même rire, caressant, sans détour, que lorsqu'elle s'était étalée dans la neige. Son timbre restait dans l'oreille de Blanche. Elle voulait l'entendre à nouveau, la promesse d'un homme doux, aux mains sincères.

Le train avançait encore moins vite que la première fois. Château-Thierry, Épernay, Vitry-le-François, les gares glissaient l'une après l'autre, tels des vêtements ôtés qui hâtaient les retrouvailles. Elle imaginait. Elle retardait la suite. Il remarquerait sa tenue, une robe de serge fine avec ses manches de satin, ses galons sombres. Blanche examina son reflet dans la vitre du wagon. Elle se reprocha son élégance un peu trop recherchée. Ça l'intimiderait. Dans l'obscurité des salles de cinéma, des centaines de paires d'yeux fixées sur elle la dévoraient, la déshabillaient. Elle était habituée à s'offrir aux spectateurs. C'était son métier, elle s'en moquait. Elle frissonnait à l'idée de ce seul regard posé sur elle, le seul auquel elle voulait plaire. Le soldat Rivière, sans galons ni rien. C'était lui qu'elle avait choisi. Les filles de la Gaumont ne voudraient jamais le croire. Elle seule savait la valeur de son homme. Elle se plaisait à se le répéter. Mon homme m'attendra sur le quai. Elle abandonna sa tête contre le dossier.

Le train ralentit enfin. La pierre de la gare d'Épinal avait la teinte bilieuse d'un présage inquiétant.

Les officiels ne s'étaient pas déplacés, ni la fanfare. La tournée était bien moins prestigieuse que la précédente. Lucienne Bréval, une soprano, avait remplacé Nelly Martyl, de jeunes comédiennes, pensionnaires de la Comédie-Française depuis peu, accompagnaient Sorel, seule vedette. Il s'agissait cette fois-ci d'interpréter quelques chansons, des poèmes, dans les hôpitaux et les casernes. Une représentation unique était prévue l'après-midi.

Le capitaine Delambre s'empressa auprès de Blanche. Elle était plus belle encore qu'en mars, lâcha-t-il presque extatique. Elle chercha en vain Antoine, masqua à peine sa contrariété. Delambre redoubla de galanterie. Ils traversèrent le hall. Il avait entendu parler de son succès dans le rôle de Vera Vir. Il s'excusait de ne pas avoir encore eu le temps d'aller la voir au cinéma. Ces derniers mois avaient été très durs pour le régiment. Il se rengorgea, flatté par le soudain intérêt de Blanche. Ils avaient participé à Verdun puis à l'offensive de la Somme. Près de la moitié de la section était tombée au champ d'honneur, poursuivit-il, ému de sentir la jeune femme s'accrocher à son bras. Un pressentiment, fugace comme une pointe au cœur, la fit pâlir.

On venait de les renvoyer ici pour quelques semaines continua Delambre, le temps de souffler un peu. Ils arrivèrent devant les voitures. Blanche dévisagea les chauffeurs. Antoine n'était pas là non plus. Elle se réconforta en reconnaissant Paul. Il baissa les yeux. Elle vacilla. Sorel la soutint. Et notrrre petit soldat... ? demanda-t-elle. Il n'est pas là ? Delambre ne comprit pas. Celui qui a fait ses grrrrands débuts aux côtés de Blanche... ? Ah Rivière ? Le capitaine parut gêné. Il observa autour de lui comme s'il cherchait de l'aide. Il tapota sa jambe avec ses gants.

Surgissant du hall, un fantassin, caché derrière deux énormes bouquets, s'avança à pas rapides. Delambre s'emporta contre le retard de son subordonné, s'empara des fleurs. Le visage d'Antoine apparut.

La tête inclinée sur les roses, Blanche l'épiait à la dérobée. Elle guettait sa réaction, cherchait à retenir le moindre détail de sa physionomie. Il avait les traits plus épurés que dans son souvenir.

Le capitaine la fit monter dans la voiture. Le trajet entre Épinal et Gérardmer défila dans une sorte d'ivresse. Le babil intarissable de Delambre obligeait Blanche à rester sur ses gardes.

Elle passa l'après-midi dans un état de rêverie dont ni son tour de chant ni son triomphe auprès des blessés de l'hôpital de Gérardmer ne la tirèrent. Pas plus que la représentation à la caserne. Elle chantait, récitait. Ses pensées étaient tournées vers Antoine. Il ne quittait pas son poste près des voitures.

Elle n'avait pas imaginé qu'il serait si difficile de se retrouver quelques minutes seule avec lui. Elle n'était plus la comédienne inconnue dans l'ombre des vedettes de la Comédie-Française. Les hommes reconnaissant Vera Vir lui faisaient fête.

Delambre lui annonça qu'il lui réservait sa soirée. Impossible de refuser, ajouta-t-il. Elle le chassa des loges. Les comédiennes devaient se changer. L'ancien vestiaire lui rappelait l'Ambigu. Même ses vêtements neufs disposés sur le fauteuil paraissaient, dans cette ambiance mesquine, avoir perdu toute leur magie. Ce matin, lorsqu'elle s'était habillée, le contact du satin diffusait sur sa peau une assurance qui électrisait son corps. Dans la glace de son appartement, elle avait admiré le reflet d'une autre Blanche. Elle savait ce qu'elle voulait, qui elle était, désirait l'offrir à Antoine.

Tout ça n'était qu'une illusion, se mit-elle à pleurer. Vera Vir posa sa main sur son épaule. Tu le veux vraiment ? Blanche hocha la tête. Vera Vir sourit d'un air mystérieux. Sèche tes larmes.

Que je quoi... ? demanda Sorel.

Blanche, assise devant le paravent, amena la conversation sur la précédente tournée, la prestation de Sarah Bernhardt. Sorel contracta les ailes de son nez. Blanche : Tu te souviens, la rumeur qui avait couru... ? On disait que le général — il ne savait rien lui refuser — l'avait autorisée à se rendre en première ligne. Sorel *(se rembrunissant encore un peu plus)* : Du vent tout ça ! Elle n'a pas pu y aller ! Impossible ! C'est contre tous les règlements. Blanche : C'est sûr. Une vraie folie... *Un silence.*

Blanche *(à voix basse comme pour elle-même)* : En tout cas, tout le monde ne parlait plus que de ça à son retour à Paris... Sorel : Du flan je te dis ! Encore un de ses bobards ! Blanche : Oui, oui. En tout cas tu imagines la publicité pour celle qui obtiendrait un tel honneur... Une extravagance digne des plus grandes divas !

Blanche suivit le raisonnement silencieux de Sorel — le regard flottant, les épaules qui se soulevaient, un bref mouvement de menton, enfin un sourire qui s'arrondissait.

La vedette se leva d'un bond. Je veux aller au front !

Le général de Villaret refusa tout d'abord catégoriquement. Trop dangereux. Sorel insista, le câlina, trépigna. Le colonel, qui écoutait sans broncher, se pencha à l'oreille de son chef, lui suggéra de faire une exception. Il s'attirerait la gratitude de la vedette. Elle connaissait quelques membres du gouvernement, le président du Conseil même. Le supérieur s'obstinait dans son refus. S'il arrivait malheur à Sorel, une balle perdue, le scandale serait énorme. Le colonel insinua de faire comme avec les députés qui venaient parfois sur le terrain pour se rendre compte. Le général devina sa pensée. La seconde ligne... ? L'autre acquiesça. Elle ne verra pas la différence. Villaret eut un sourire en coin. Bonne idée. Une tranchée tranquille. Ils avaient l'habitude, une expédition le soir tombant, encore moins de risque. On lui dirait comme aux autres que la position devant était celle des Allemands. Elle jetterait un œil rapide par-dessus le parapet, repartirait contente d'avoir vu le feu.

Delambre ne put contenir sa déception. Il n'était pas question de renoncer à sa soirée avec Blanche. Depuis trois jours, il avait tout préparé avec minutie. Un dîner dans sa chambre à la caserne. Il avait même dégotté deux bouteilles de champagne. Quelques chandelles. Des compliments. Une femme ça s'enlève comme une forteresse. Il était à l'âge où un officier doit se poser. Blanche Delambre. Ça sonnait bien. Suffisamment en tout cas pour sauter le pas. La visite au front ruinait tous ses plans. Il protesta. En son âme et conscience, il ne pouvait... Bougre d'andouille! beugla le colonel surpris de voir le capitaine lui résister. Delambre s'était toujours montré discipliné. Le capitaine s'entêta. Qu'est-ce qui lui prend? se demanda le colonel. Delambre n'hésitait pas à sacrifier quelques hommes pour complaire aux idées hasardeuses du général et il se cabrait sur un sujet aussi futile. Il ne voulait pas en démordre, demandait à ce qu'un autre soit nommé pour cette mission. Le colonel s'emporta. Si le capitaine persistait dans son refus, il le ferait casser. Delambre, écrasé par la menace, se mit au garde-à-vous. Le colonel se radoucit. Le capitaine était son meilleur élément, il savait qu'entre ses mains Sorel ne risquait rien. Delambre encaissa, résigné.

Sorel rayonnait sur le perron de l'hôtel. L'armée l'avait affublée d'une capote de cavalerie qui lui dessinait de magnifiques épaules et soulignait sa silhouette. Delambre lui tendit un casque. Un vrrrai petit soldat.

Les autres comédiennes assistaient aux préparatifs. Le capitaine s'esquiva pour présenter ses excuses à Blanche. Il ne put s'empêcher de lui détailler le menu qu'il avait concocté, évoqua les deux bouteilles, comme deux amis lâchement abandonnés. Sorel lui proposa de les emporter avec eux. Contre le règlement, marmonna-t-il. Dans une gourde, personne ne le verra, lui chuchota-t-elle, ce sera notre petit secret. Il inclina le torse comme devant un supérieur, envoya Antoine chercher le champagne.

Vous êtes un vrai seigneur, l'encouragea Sorel. Le haussement d'épaules de Delambre en réponse la contraria. Aucun homme, encore moins ce petit capitaine, n'avait le droit de lui résister. Elle lui saisit le bras. J'ai hâte de voir votre terrrrain de chasse. Elle affichait une excitation teintée de peur destinée à réveiller l'instinct protecteur de l'officier.

Antoine revint avec les deux gourdes. Allons écrrrirre la légende ! Sorel cala son chignon sous son casque. Delambre monta les trois marches qui le séparaient de Blanche. Il l'embrassa sur la joue. Elle se recula surprise. Le devoir, soupira-t-il. Il désigna Antoine et deux autres chauffeurs. Ils sont à vos ordres.

À la tête d'un petit peloton d'une dizaine d'hommes, il se dirigea vers la gare. L'ancien tramway touristique servait désormais de liaison avec les premières lignes du front.

Les comédiennes regagnèrent le hall de l'hôtel. Les trois soldats s'éloignèrent à leur tour.

Antoine, murmura Blanche.

Elle descendit du perron, se planta devant lui. Il se tenait au garde-à-vous. Elle hésita, s'encouragea. Elle voulait qu'ils dînent ensemble. Nous n'avons pas eu le temps de fêter votre succès dans le rôle de mon mari, ajouta-t-elle pour atténuer la franchise de son invitation.

Une lueur ironique anima l'apathie d'Antoine. Il lui demanda ce qu'en penserait le capitaine. Elle se raidit. Ce n'étaient pas les affaires de Delambre. Il se tut un moment. Il avait déjà rendez-vous avec Paul et d'autres camarades. Une décharge violente parcourut les muscles de Blanche, s'acheva dans sa poitrine. Il la repoussait. Elle ne parvint pas à discerner si c'était par peur ou par hostilité. Te laisse pas démonter ! lui souffla Vera Vir.

Blanche le rattrapa. Je viens avec vous !

Ils se dirigèrent vers le lac de Gérardmer en contrebas de la ville. Où va-t-on ? Il ne répondit pas. Elle s'intéressa au paysage, finit par se taire aussi. Le mouvement de son épaule qui battait contre celle d'Antoine, parfois aussi leurs hanches se touchaient, la berçait. Pour rien au monde, elle n'aurait voulu être ailleurs.

Ils longèrent l'embarcadère, fermé depuis le début de la guerre. Une baraque aux volets en bois clos affichait encore les horaires des navettes qui faisaient autrefois le tour du lac.

Ils suivirent la rive. Des carcasses de bateaux, la coque retournée, rongée par l'humidité, étaient échouées. Des pontons, tout aussi à l'abandon, s'avançaient dans les eaux noires. Une rangée de villas s'alignait de l'autre côté du chemin. Le luxe tapageur de leur architecture, des escaliers à vis, des perrons, des porches en marbre et fer doré avait subi lui aussi les dommages des combats. Quelques bombes lâchées par les avions allemands en avaient éreinté les façades, brisé les vitres, retourné la terre de leurs jardins. Les habitants, des notables d'Épinal, de Nancy ou de Toul, avaient déserté les lieux. Une odeur entêtante de vase montait du lac. Le maigre soleil de la fin d'après-midi accentuait l'impression de décomposition.

Une seule habitation, haut perchée au-dessus du chemin, semblait encore entretenue. Une pelouse coupée à ras la séparait de la route. Un soldat était assis sur les marches. Il se leva en les apercevant.

Tu ne m'avais pas dit que tu viendrais accompagné...

Antoine esquissa un geste de la main. Paul expliqua gêné à Blanche qu'il s'agissait d'une soirée entre soldats. Elle le rassura. Elle était habituée, le public du théâtre de l'Ambigu, ceux des bars clandestins. La réponse fit s'esclaffer Paul. Il s'effaça en poussant la porte.

La maison se dressait sur deux étages. Paul prit le manteau de Blanche, l'accrocha à une patère dans l'entrée, inclina le torse pour la laisser passer. Blanche répondit à son salut, d'un air enjoué. Antoine les observa, deux idiots qui se donnaient en spectacle.

Un oh admiratif accompagna l'entrée de Blanche dans le salon. D'un même mouvement, une vingtaine de soldats l'entourèrent. Un lustre sans dorure descendait au-dessus de la table. Un feu grésillait dans la cheminée. Tout semblait avoir été aménagé dans un souci de confort pratique. Des lattes de bois couvraient les murs et le plafond. Elles formaient un caisson à la façon des chalets de montagne. Des pots de fleurs s'alignaient sur le rebord des fenêtres. Chacun son tour, les occupants de la maison les arrosaient, commenta un homme. Son fort accent étranger chargeait ses mots d'une épaisseur inattendue. Blanche remarqua son uniforme kaki, sanglé d'un baudrier en cuir rouge.

Des Anglais. Paul l'affranchit. Une centaine avaient été envoyés ici, pour renforcer les lignes. L'homme lança un bref commandement. Des grenadiers du roi, le verre à la main, firent claquer leurs talons. L'un d'eux en offrit un à Blanche. Elle avala une gorgée, manqua de s'étrangler. Whisky, lâcha l'Anglais, enchanté de sa blague. Elle essaya de sourire à son tour. Whisky, pas bon, intervint un autre dans un français syncopé. Nikolaï Alexandrevitch Berzoff, capitaine d'infanterie du tsar, pour servir vous, s'inclina-t-il. Un Russe ! s'étonna Blanche. Il lui tendit une bouteille. Vodka ! Paul plaisanta, un cadeau de leur empereur à notre général, la neige, ça les connaît... Berzoff entama une chanson en l'honneur de l'invitée, aussitôt reprise par plusieurs de ses compatriotes. Les épaulettes rouges ! lui indiqua Paul, c'est comme ça que tu les reconnaîtras. Elle ne se choqua pas du tutoiement. Elle aurait voulu qu'Antoine soit aussi direct avec elle. Il s'était retiré à l'autre bout de la pièce. Il sirotait un alcool sans y accorder d'attention. Un type, grand, très blond, se présenta à son tour. Per Torgensen. Des Norvégiens aussi étaient là. Des infirmiers et un médecin, tous volontaires. Ils entonnèrent un chant religieux, grave et sonore, accompagnés par un accordéon.

Paul emmena Blanche devant une pelisse accrochée à l'angle de la cheminée. Elle avait d'abord cru à un trophée, une peau d'ours. Sa remarque entraîna l'hilarité. C'est une tenue d'esquimau, corrigea Torgensen. Un cadeau au médecin ici présent. Docteur Charvet, enchanté, lui répondit un militaire, la quarantaine, des lunettes rondes et le visage à la pâleur crayeuse.

Deux Anglais la firent asseoir sur un rocking-chair qu'ils avaient apporté de Londres. Le capitaine russe lui offrit des cigarettes égyptiennes, les meilleures, lui assura-t-il. Son dernier paquet. Elle voulut refuser. Il s'offusqua. Elle s'abandonna au balancement du fauteuil, au goût doux-amer de la cigarette qui lui rappelait celui de la noix.

Ils s'asseyaient à côté d'elle, racontaient leur histoire. Dès que l'un d'eux allait remplir son verre, un autre se précipitait, entamait un nouveau récit, où se mélangeaient les langues, des gestes aussi quand les mots ne venaient pas. Ils espèrent votre indulgence, lâcha le docteur Charvet. Il revenait de Verdun après dix jours passés dans le fort de Douaumont sous les bombardements. Ils m'ont envoyé ici pour me reposer, avoua-t-il à Blanche. Il paraît que je commençais à donner des signes de déséquilibre mental.

Elle leur offrait un sourire, une douceur simple et sans retenue. Tout cela s'adressait à Antoine. Il persistait à l'ignorer. Il buvait avec la régularité d'un automate, seul dans son coin. Pourquoi vous êtes là, demanda-t-elle à Paul. Pour prendre une bonne cuite avant de retourner là-haut, lâcha-t-il gêné.

Il désigna Antoine. Après votre départ, il a failli être tué deux fois à Verdun. Dans la Somme, il a pris une balle dans le gras du bras. Un Russe éméché leur présenta de la vodka. Paul en avala une longue gorgée. On aurait dit un de ces bleus qui débarquent sur le front. Il courait, sautait, se planquait toujours à contretemps... Blanche l'écoutait dans l'espoir qu'il lui explique les raisons du comportement d'Antoine. Chacun sa méthode pour espérer survivre dans cet enfer. Il a tout fait pour devenir aussi transparent qu'un fantôme. Elle ne comprenait pas. Paul baissa la voix. Mais depuis que vous êtes venue cet hiver, il n'y arrive plus. Des larmes envahirent Blanche.

Elle s'approcha d'Antoine. Il se contracta, dans une attitude toute militaire. Paul m'a dit que vous aviez été blessé. Il marmonna. Elle aurait voulu lui dire. Elle était venue pour lui, eut peur d'être trop brusque. Blanche concentra ses pensées dans son regard, escomptant qu'il en percevrait la force. Les idées se bousculaient. Elle n'avait pas cessé de penser à lui. Elle voulait l'embrasser, caresser son visage, elle voulait voir à nouveau les montagnes sous la neige, se blottir contre lui. Elle voulait... Antoine sifflait son whisky, une succession de petites rasades. Elle se risqua, lui avoua qu'à Paris elle avait regardé bien souvent le ciel en pensant à lui. Le rythme de ses gorgées s'accéléra. Elle lui attrapa le poignet. Il la repoussa. Il souhaitait rester seul. Il n'avait accepté de l'amener que pour une seule raison, la crainte qu'elle ne se plaigne à Delambre.

Son ton calme contrastait avec son visage hostile. Il lui tourna le dos.

Elle battit en retraite jusqu'au rocking-chair. Paul lui offrit un verre. Il tenta d'excuser la réaction de son ami. Elle ne l'écoutait plus. Des visages avinés se penchaient au-dessus d'elle, lui souriaient, disparaissaient.

Antoine avait peur d'elle comme de la trajectoire sifflante d'un obus au-dessus de la tranchée. Elle ne comprenait pas comment elle avait pu se tromper autant. Elle s'était attendue à ce qu'il se montre jaloux de Delambre, lui reproche sa conduite. Elle aurait pleuré un peu, lui aurait avoué sa propre peur. Il l'aurait prise dans ses bras. La vision la blessa plus encore.

L'internationale des alcools rendait les soldats fraternels, agressifs. Ils crépitaient, éclataient, de plus en plus fort. Blanche n'osait demander à Paul de la raccompagner à l'hôtel. Les Russes proposèrent de porter un toast aux morts. Ils prononçaient le nom d'un disparu, avalaient une rasade. Puis ce fut au tour des Anglais.

Moi toujours ivre quand attaque. Une heure avant bataille, je prends gorgée vodka toutes cinq minutes, lui beugla un Russe. Paul avait rejoint Antoine qui l'écoutait sans ciller. Il s'accrochait à son verre vide. Ses yeux scrutaient le tapis, ses lèvres frétillaient, on aurait dit qu'il en comptait les motifs géométriques. Les Boches eux, reprit le docteur Charvet, ils font boire aux soldats un mélange de rhum et d'éther. J'ai essayé une fois, clama un jeune Anglais, le visage couvert de taches de rousseur. Il ne devait pas avoir plus de dix-huit ans. Leurs voix bousculaient les pensées de Blanche, des corps étrangers pareils à des éclats de balle. Ils étalaient leur peur. Une femme peut comprendre ça sans juger. Elle s'en moquait bien. Elle venait pour un homme, lui apporter la vie — pas les consoler de leur terreur de mourir. Il y avait les putes pour ça, pensa-t-elle, en rage. Je n'entendais plus rien, continua l'Anglais. Je courais comme un lapin. Il se tordait de rire, complètement gris. Je suis sorti du brouillard quand un Boche s'est mis à brailler, je venais de lui trouer la paillasse avec ma baïonnette.

Berzoff ôta sa veste. Il désigna une cicatrice sous son épaule. Il avait commencé sa carrière contre les Japonais en 1905. Sur son corps était dessinée une géographie de vingt ans de guerres. Une balafre dans le cou lui rappelait la Serbie où il avait combattu durant les guerres balkaniques, en tant que volontaire. Une autre le long des côtes, les plaines de Pologne lorsque les Allemands avaient taillé en pièces l'armée du tsar.

Torgensen, torse nu lui aussi, harangua les Anglais. Il les avait affrontés en Afrique du Sud. Lui et les autres Norvégiens avaient soutenu les Boers contre les Britanniques. Par goût des voyages ! aboya-t-il. Charvet, ivre, se mit à hurler, s'hallucinait jusqu'à voir des cadavres amoncelés sur le tapis, appelait les Allemands ses frères d'enfer. Ses larmes provoquèrent les railleries des autres.

La tête de Blanche se mit à tourner. Tout se mélangeait, le silence d'Antoine reclus à l'autre bout de la pièce, les chairs lardées des soldats, leurs visages vieillis prématurément. Leur soif du sang leur donnait le doux sourire des loups.

Torgensen chantonna une mélodie répétitive, aussitôt reprise en chœur par ses compatriotes. Il disposa autour de lui des bougies enfoncées dans le goulot des bouteilles, entama une danse. Zoulou ! cria-t-il à l'intention des Anglais. La danse du poignard. Il l'avait apprise lors de la guerre des Boers. La chorégraphie était aussi monotone que la musique. Son corps d'une pâleur extrême contrastait avec son visage hâlé, ses cheveux blonds. La sueur coulait entre ses omoplates. Sa main flotta au-dessus des flammes de la cheminée, une brève odeur de chair brûlée. Il frotta ses doigts contre la suie, s'en fit des peintures de guerre. L'incantation était contagieuse. Même les Anglais se joignirent à la danse. Torgensen s'écroula sur le tapis.

Blanche en profita pour se glisser vers la sortie. Un Russe, affalé devant la porte, se releva, à moitié conscient. Il exigea un baiser pour la laisser passer. Il montra ses lèvres. Elle eut envie de pleurer. Elle recula vers le salon. Il la suivit, la plaqua contre le mur. Un bruit de verre cassé résonna. Une main tira le Russe en arrière. Antoine se tenait campé sur ses jambes, un tesson de bouteille à la main. Le Russe jeta un coup d'œil en direction des autres. Ses compatriotes ne semblaient pas décidés à intervenir. Il bredouilla, entre camarades de guerre... Berzoff s'excusa au nom des soldats du tsar. Il n'eut pas le temps de saisir ses doigts pour lui faire le baise-main.

Antoine entraîna Blanche. Ils traversèrent le hall en courant presque. Il lui enfila son manteau, couvrit sa tête, ramena une mèche sous l'étole. Il la tira vers la sortie. Elle se laissa conduire.

Ils furent surpris par les flocons qui tombaient avec lenteur du ciel sombre. Le chemin, les villas alentour et leurs jardins en étaient déjà recouverts d'une fine couche. Antoine se retourna brusquement. Dans son élan, Blanche vint buter contre lui. Les bras d'Antoine se refermèrent sur elle. Il l'embrassa.

Sa langue tournoyait rageuse dans sa bouche. Elle lui avouait tout ce qu'il ne pourrait jamais dire. C'était plus qu'un accordement des corps. Blanche n'avait jamais ressenti ça, du moins elle voulut le croire. Une vie tout entière ils s'étaient échangée.

Quand elle rouvrit les yeux, Antoine lui souriait. Blanche laissa échapper une larme. D'une caresse, il lui sécha le coin des yeux.

Ils suivirent la rive du lac en quête d'un lieu tranquille, laissèrent sur leur droite des maisons à l'architecture monotone. Des lumières indiquaient que des soldats y avaient élu domicile.

La neige les enfermait dans un silence presque grave.

Ils finirent par aviser une villa plongée dans l'obscurité. Antoine cogna à la porte. Aucun bruit ne lui répondit. Il brisa un carreau, tourna la poignée de la fenêtre avant de sauter à l'intérieur. Il revint lui ouvrir. Il avait récupéré un candélabre dans le salon. Elle rit comme d'une bêtise enfantine.

Ils grimpèrent l'escalier, atteignirent le palier. Antoine poussa une porte. La lumière vacillante fit apparaître un lit à baldaquin. Blanche se jeta dessus. Antoine la rejoignit. Elle l'embrassa. Il frémit. Blanche pensa, Antoine avait peur. Elle saisit le chandelier, arpenta la pièce. Un cabinet de toilette donnait sur la chambre. Blanche admira la baignoire assez grande pour contenir deux personnes. Elle passa sa main sur l'émail, se promit qu'elle aurait une salle de bains comme celle-là quand elle serait riche. Elle s'aperçut dans le miroir. Ses cernes lui donnaient un air las qui la rendait belle. Elle se sourit, regagna la chambre. Antoine n'avait pas bougé.

Elle s'approcha, lui caressa le cou. Elle sentit sous ses doigts la peau frissonner.

La pièce ressemblait à un décor. Les tentures légères, rose pâle, qui descendaient du baldaquin, les rideaux de mousseline quasi transparents aux fenêtres, la débauche de tissus jusque sur les meubles, tout indiquait la chambre d'une poule, pensa Blanche. Deux chérubins se défiaient sur la cheminée.

Antoine se leva. Il attrapa sa capote. Il fouilla ses poches. Il en sortit une petite boîte, enveloppée dans du papier de soie acheté dans une quincaillerie d'Épinal. Antoine revint s'asseoir à côté de Blanche. Il saisit sa main, y déposa la boîte. Pour moi ? Surprise, elle l'embrassa. Elle l'ouvrit, découvrit une bague en aluminium. Antoine avait sacrifié son quart et payé cinq paquets de tabac à Audouin. Le type était dinandier dans le civil. Il occupait ses journées dans les tranchées à fabriquer des souvenirs pour les copains. Il avait gravé le portrait d'une femme — C'est moi ? — et le prénom de Blanche juste en dessous. Antoine lui enfila. Elle tendit la main, les doigts écartés pour l'admirer. Tu savais ? Antoine hocha la tête. Il lui avoua. Il attendait son retour. Il le craignait aussi mais ne le lui dit pas. Antoine l'avait vue une fois, à Commercy, lors de son unique permission. Il avait passé sa semaine, allongé dans sa chambre d'hôtel ou au cinéma du Poilu's Park, réservé aux gars comme lui. Il l'avait trouvée belle en Vera Vir bien qu'un peu trop dure. Les sifflets, les exclamations obscènes le jetaient dans une colère violente. Il rentrait dans sa chambre, incapable de trouver le sommeil, comme de s'empêcher de retourner à la séance du lendemain. S'il avait été le gars qui filmait, il se serait concentré sur ses lèvres. Elle sourit. Elle les lui offrit.

Elle admira à nouveau sa bague, émue. Il avait pensé à elle. Durant les bombardements, ses tours de garde, ses heures dans l'abri, quand il s'était couché, il avait pensé à elle, il avait sans doute imaginé aussi leurs retrouvailles.

Antoine l'interrogea, comment c'était le cinéma ? Est-ce qu'elle était heureuse ? Ça lui faisait quoi de devenir célèbre ?

Pourquoi toutes ces questions ? Elle l'embrassa dans le cou. Pour ne pas avoir à répondre aux tiennes, pensa-t-il. Antoine avait peur. Les mains de Blanche s'aventurèrent sous sa veste. Il n'était sûr de rien. Enfin si. Il aurait bien voulu, si c'était possible, vivre jusqu'à la fin de la guerre. Pour la retrouver. Mais ça non plus il ne le lui dit pas. Blanche lui demanda de lui parler de sa vie d'avant. Antoine haussa les épaules. C'était comme évoquer un mort. Chauffeur de taxi, mais ça tu le sais déjà. Elle se moquait de la réponse, sa langue remontait le long de la nuque d'Antoine. Elle lui mordilla l'oreille. Elle n'avait jamais agi ainsi. D'habitude, elle s'allongeait, laissait faire l'homme. Elle avait confiance en lui, avait trop attendu cet instant pour le laisser au hasard.

Antoine était surpris par le contact des mains de Blanche. Des mains amies auxquelles il n'était plus habitué. Des mains sans avidité, qui ne cherchaient ni à lui faire mal ni à lui prendre quelque chose. Des mains. Désintéressées. Offertes comme autrefois. Antoine s'abandonnait, gêné, consentant. Il sentait le désir de Blanche, une énergie dont il se nourrissait. Chaque once de peau qu'elle effleurait reprenait vie. L'Amérique et ses Indiens pouvaient attendre. Antoine retrouvait son ancienne allégresse à la façon d'un vieux costume qu'il réenfilait. Elle le renversa sur le lit. Il rit. Antoine avait peur. Blanche l'embrassa. Elle sentait sa retenue, douloureuse, il résistait à l'abandon. Antoine voulut lui poser d'autres questions, retarder le moment. Il acceptait de mourir mais pas tout de suite. Il sourit. De l'imbécillité des pensées qui lui traversaient l'esprit. Antoine était avec la plus belle femme qu'il ait jamais connue. Comme il les appréciait, ronde, souple, avec du caractère. Blanche lui avait plu d'emblée. Antoine s'en rendait compte maintenant, mais ce qui avait achevé de le séduire, c'était lorsqu'elle l'avait embrassé le soir de la représentation. Pendant qu'elle lui offrait ses lèvres, elle avait relevé sa jambe en arrière. Le geste l'avait terrassé. Pendant des mois à chaque moment de tranquillité, Antoine s'était échiné à en faire revenir le souvenir. Jusqu'à ce que la sensation en vienne à s'effacer. Antoine se risqua à ôter une épingle de son chignon. Puis une autre. Et une autre. Les cheveux de Blanche roulèrent sur le visage d'Antoine, le caressèrent. Elle était encore plus belle. Sa coiffure lui remontait les traits vers le front, luttait contre la rondeur des joues. Libérée, elle soulignait la générosité de ses formes. Antoine l'observa. Blanche se déroba à son regard. Il la força à lui offrir son visage. Antoine avait peur, il avait peur. Une peur agréable, presque. Une peur confiante aussi. Blanche était la source de tout. Elle se cacha derrière la tenture ne laissant dépasser que ses bras. Il sourit. Ce qu'il faut de gravité pour être insouciant.

Elle aurait pu lui dire qu'elle était sans passé. Il aurait répondu qu'il n'avait pas d'avenir. Ils gardèrent le silence.

Antoine se releva. Antoine se dirigea vers le chandelier. Il souffla les bougies. Il revint s'asseoir sur le bord du lit. Antoine commença à défaire les lacets de ses godillots. Il fallait tout réapprendre. Comme un puceau, pensa-t-il. Antoine desserra la languette, ôta ses chaussures. Elles firent un bruit sec en heurtant le plancher. Blanche était maintenant une ombre. Antoine la devinait sur le lit, qui défaisait elle aussi ses vêtements. Il imagina le mouvement de la robe tombant à ses pieds. Antoine la chercha dans la nuit. Il entendit son petit rire. Il pria pour qu'elle ne disparaisse pas. Que ce ne soit pas comme dans un des rêves qu'il faisait parfois. Il déjeunait dans un grand restaurant. Il dormait dans un palace. Il essayait un smoking. Il se réveillait brusquement dans l'abri en contrebas de la tranchée. Il ne lui restait que. Le goût de la viande. La douceur des draps. L'élégance de la chemise. L'impression capiteuse l'entêtait si fort, il était presque certain de l'avoir réellement vécu. Il en sentait le manque. Antoine retira sa veste. Il sentit les mains de Blanche l'aider à la faire descendre le long de ses épaules. Il chercha à faire revenir les souvenirs agréables qui l'aideraient à se détendre. Antoine avait peur, il avait peur. Rien ne venait ou plutôt rien n'avait la saveur de ce moment. Tout était abstrait. Une idée. Une remémoration. La crudité de la sensation balayait tout. Blanche l'embrassa. C'était la première fois, se répéta-t-il. Un puceau tétanisé. Antoine fit glisser ses bretelles. Antoine déboutonna sa chemise, la lança à l'autre bout de la pièce. Blanche se colla contre lui. Elle était nue. Ses seins, les pointes de ses seins contre son dos. Le contact ahurit Antoine. Son cerveau mit quelques secondes à réaliser. La chair pleine, la chair drue, la chair de soie de Blanche le submergea, affola les muscles de son dos. Il lui semblait, toutes ses sensations partaient de l'endroit précis où les seins de Blanche, les pointes de ses seins, se pressaient contre sa peau. Un frisson y prenait naissance au plus léger mouvement. Il irradiait dans ses omoplates. Il descendait dans ses reins. Antoine n'avait rien éprouvé d'aussi fort. Jusqu'à la légère sueur qui naissait à leur contact. Il pouvait ressentir chaque millimètre de son corps gagné par la chaleur des seins de Blanche. Elle avait passé ses bras par-dessus son cou, ses mains caressaient son torse. Il n'osait plus bouger. Dès qu'elle reculait un peu, le froid l'envahissait. L'instant d'après serrée contre lui, la chaleur, une chaleur étrange. Une chaleur électrique. Non. Énergique. Un fluide se répandait à nouveau en lui. Elle débordait d'odeurs, d'une moiteur délicieuse, entêtante comme la promesse d'achever son rêve, la certitude. Antoine avait —

peur.

Antoine entendait la respiration régulière de Blanche, comme le balancier de l'horloge. La fin des soubresauts. Antoine se tortilla pour faire glisser son pantalon. Elle s'écarta pour l'aider. Il se laissa aller en arrière pour retrouver aussitôt la sensation. Elle l'accueillit avec ses courbes. Leur suavité. Le satiné du grain de sa peau. La pointe de ses seins. Il se sentait fondre, fondre et se mêler. Comment avait-il pu vivre aussi longtemps sans elle ? Il découvrait soudain combien la vie lui avait manqué. La chair de Blanche occupait tout son esprit, l'enivrait. Il laissa échapper un rire ravi. Blanche le revit aussitôt cette nuit sous la neige. Elle imagina son visage sans incertitude, ni ombre. Elle sentait aussi les muscles d'Antoine battre, se gonfler jusqu'à lui donner l'envie de mordre. Elle se retint de peur de le raidir à nouveau. Elle serait patiente. Elle l'embrassa. Blanche serait tendre. Elle voulut lui parler d'Armand, pour qui elle avait cru devoir tout quitter, lui raconter comment la blessure ne se refermait qu'à cet instant, au contact de sa peau, de sa nuque, de ses épaules, s'il savait combien elle avait lutté pour lui échapper. Elle se tut. Elle avait bien le temps de lui parler, il était sa vie, son film. Antoine se débarrassa de ses chaussettes. De son caleçon. Il était nu. Il ne lui restait plus que sa plaque d'identité au poignet. Seine 2 B 5708. Le matricule s'engrena. Seine... Elle l'embrassa. Antoine oublia la suite. Les larmes surgirent. Antoine pleura. Il pleura. Des larmes bien douces. Il pleura sans se retenir. Il laissa les larmes couler. Il s'allongea à côté de Blanche. Des larmes glissaient le long de ses joues. Des larmes. D'un mouvement souple, il sentit une ombre s'allonger sur lui, l'envahir. Antoine. Antoine n'avait plus peur.

Les halls de gare sont durs aux amoureux.

Les comédiennes s'étaient réfugiées dans la salle d'attente, pendant que le convoi se formait. Elles s'étaient serrées sur le banc. Par instants, un voyageur, le nez rougi, le souffle lourd, poussait le battant de l'entrée. L'air froid s'engouffrait à sa suite. Elles s'engonçaient dans leurs manteaux.

Le colonel tint à saluer Cécile Sorel. Debout près de la fenêtre, elle se revoyait au front. Elle avait croisé une roulante et ses cuisiniers. À son passage, l'un d'eux s'était écrié Merde, une gonzesse ! Sorel répétait le juron avec délectation. Elle l'avait embrassé sur les joues. Il y a quelque chose de rrreligieux, glissa-t-elle au colonel... de sacrrré dans ces nuits actives et silencieuses au frrront...

L'officier essaya de la convaincre d'en faire le récit à Paris, de rappeler aux députés, aux ministres, peut-être en connaissez-vous, suggéra-t-il malignement, combien le moral du 152e régiment était solide — grâce au général de Villaret.

Delambre ne lâchait pas Blanche. Vous savez les sentiments que je vous porte... Elle arpentait la salle.

Blanche ! Il haussa le ton. Il détailla ses biens, ses revenus, ses espérances de carrière. Elle se plaça de sorte à apercevoir à travers la vitre, juste au-dessus de l'épaule de Delambre, la silhouette d'Antoine.

Il était près de la voiture, avec les autres chauffeurs. Une cigarette aux lèvres. Un filet de fumée bleue entourait brièvement ses traits. Il lui sourit, sans oser lui faire un signe.

Elle aurait voulu. Les halls de gare se moquent bien des adieux.

Delambre guettait sa réponse. Elle ne pouvait détacher son regard d'Antoine. Le capitaine intrigué se retourna. Les montagnes, s'excusa-t-elle. Elle s'imprégnait du paysage avant de s'en retourner à Paris. On ne construit pas sa maison sans plan, insista Delambre.

Le colonel l'appela. Sorel voulait le saluer avant le départ.

Blanche saisit sa chance.

Elle poussa la porte, s'approcha d'Antoine, collée presque contre lui. Il lui tournait le dos, continuant à surveiller du côté de l'entrée, semblant ne pas remarquer sa présence.

Elle fixa l'horizon pendant que ses lèvres murmuraient son adresse. Ils s'étaient quittés au petit matin sans même songer à la suite. La présence de Delambre et des autres leur rappelait soudain la nécessité de garder leur liaison secrète.

15, rue Fessart.

Il mémorisa sans ciller.

Les doigts de Blanche effleurèrent l'uniforme. Un bref contact. Le besoin, une dernière fois, de le toucher. Ils glissèrent de l'étoffe à la chair, caressèrent le pouce, avant de se blottir dans sa paume.

Avec la même timidité inquiète, les doigts d'Antoine s'aventurèrent à leur tour.

Blanche paraissait focalisée sur la ligne des cimes.

Leurs mains, seules, cachées par le débord des manches, se cherchaient, s'attouchaient. Leur frôlement grisait leur peau, rayonnait leur chair, brève chaleur provoquée par la douceur effleurante. Il rallumait le souvenir de l'étreinte. Chaque atome de leur corps vibrionnait, tendu, offert — une dernière fois.

Delambre déboula du hall. Les épaules d'Antoine se redressèrent en un bref tressaillement, donnant le signal du repli. Blanche lui adressa une moue brève, gracieuse. Tout son esprit concentré comme l'objectif d'un Kodak, pour graver chaque détail de sa physionomie. Il répondit d'un hochement.

Elle promit à Delambre d'y réfléchir. Il ne voulait pas la brusquer. Il porta à ses lèvres la main de Blanche. Elle la retira avec vivacité comme si ce baisemain risquait d'effacer l'empreinte d'Antoine. Capitaine ! Delambre s'inclina.

Blanche glissa quelques mots à l'oreille du colonel. La petite troupe grimpa dans le train.

Les deux officiers restèrent sur le quai jusqu'à ce que le convoi disparaisse.

Avez-vous remarqué comme les femmes ont changé avec la guerre ? demanda le colonel. Elles ne se tiennent plus les yeux baissés comme naguère.

Il dévia sur les folies de Sorel. Elle voulait revenir au front, pour faire le coup de feu contre les Boches.

Si on les laissait faire, elles s'occuperaient de la conduite des opérations.

Delambre ponctuait chacune des phrases de son chef par des ricanements appuyés.

Tenez, vous savez, celle qui fait du cinéma...

Mlle Blanche Beaulieu.

Beaulieu c'est ça! Vous n'imaginerez jamais la requête qu'elle m'a faite.

Un rougissement fonça la peau cireuse du capitaine.

Elle souhaitait que je prenne comme chauffeur le soldat Rivière!

Le soldat Rivière! répéta Delambre, une pointe au cœur.

Elle m'a prié de le retirer du front, elle ne voulait pas qu'il meure. Et quand je lui ai demandé pourquoi, elle m'a répondu le plus naturellement du monde qu'elle avait de l'intérêt pour lui, un vif intérêt. Vous imaginez l'audace des jeunes femmes aujourd'hui.

Ils coupèrent par la voie pour regagner la gare. En remontant sur le quai, Delambre glissa sur le ballast.

Capitaine? Vous êtes tout pâle...

Le train se traînait parmi les champs à la terre nue, les villages sourds.

Le long des voies à Toul étaient stationnés des fourgons de marchandises. On racontait qu'ils servaient parfois de lieu de rendez-vous aux soldats repartant au front et à leurs amies. Une ultime étreinte. Debout contre la paroi. Une seconde encore, encore un moment... Embrasse-moi!

Blanche contempla les wagons avec envie. Elle aurait voulu. Un dernier baiser à Antoine.

Leurs voitures firent marche arrière, remontèrent les quais. Un aiguillage les conduisit sur une voie de côté. Il faut attendre le passage de convois militaires, annonça le contrôleur.

Elle sortit de son sac la bague en aluminium que lui avait offerte Antoine. Elle la passa à son doigt avec la sensation âpre d'être sa femme.

La section d'Antoine fit une brève halte à la caserne de Gérardmer. Delambre paraissait pressé de remonter en première ligne. Il aboyait plus que de coutume encore.

Le tram à vapeur les attendait. Il s'ébranla avec la lenteur des chevaux de trait, grimpa les premières pentes. Le battement des roues sur les rails entêtait les esprits, la prière aux agonisants.

Seul Antoine semblait épargné. Il se voyait dans un autre train, en route vers Paris. Il prendrait un taxi à la gare de l'Est. Ça n'avait plus d'importance. Il se laisserait conduire jusque chez Blanche.

La nuit a été courte? La question de Paul le tira de ses réflexions. Ce matin, Antoine était rentré juste avant l'appel.

Le tram les laissa près du col de la Schlucht. Les hommes s'engagèrent dans un boyau. Ils zigzaguèrent sur les flancs de la montagne. Le fossé se rétrécit. La tranchée se couvrit de boisage. Ils atteignirent leur position. Dans l'abri, les hommes pestèrent contre les occupants précédents qui avaient dérangé leurs galetas.

Paul accrocha au-dessus de son lit une photo de baobab. Il ne s'en séparait jamais. Son patron la lui avait envoyée au début de la guerre. Au dos, il avait écrit « La nature aura le dernier mot. »

Ma lettre tu l'as? lui demanda Antoine. Paul l'observa écrire avec application le nouveau destinataire, en cas de malheur. Mlle Beaulieu, 15, rue Fessart. Paul hocha la tête, la nuit d'Antoine avait été encore plus belle qu'il ne l'imaginait.

Peu avant Vitry-le-François, la voie faisait une large courbe, obligeant la locomotive à réduire sa vitesse. Dans un petit village en amont, des femmes faisaient la lessive sous le lavoir au vieux toit gris. Le ralentissement les fit défiler comme dans un film. Blanche pouvait deviner leurs bavardages, la guerre, les nouvelles de leurs hommes, de leurs fils. Elle voulut y voir un signe. Tout ça finirait. L'entêtement des femmes aurait raison du chaos — les soldats rentreraient, elles les ramèneraient au rythme des saisons et des jours.

Elle avait hâte de se remettre au travail, comme si elle participait à sa façon à rendre au monde son cours normal. Feuillade l'attendait le surlendemain aux studios. Sa présence ravirait le producteur. Vera Vir reprendrait vie un jour plus tôt. Une économie dans le budget. Elle sourit. Six francs le mètre. Elle se mettait à raisonner comme lui.

Ils avaient plus de cinq heures de retard. Les comédiennes épuisées descendirent boire un chocolat au buffet de la gare. Blanche préféra rester dans son compartiment. Elle ne voulait pas rompre le fil de ses pensées. Elle avait l'intention de parler à Feuillade dès son retour. Une chose à laquelle elle réfléchissait. Elle voulait réaliser ses propres films. Elle avait en tête plusieurs histoires de voyous qui passionneraient le public. Restait plus qu'à convaincre les studios. Feuillade rechignerait. Petit budget au départ. Ça marcherait, elle en était sûre. Un jeune premier au regard caressant, aux mains franches... Elle ferait embaucher

Antoine après la guerre. Elle éclata de rire en l'imaginant en acteur. Il avait la physionomie, le caractère délicat des personnages de jeunes premiers.

La voix dans les aigus, Delambre demanda cinq volontaires.

Il s'appesantit sur l'importance de la mission. Il s'agissait d'un coup de main, ramener des prisonniers pour recueillir des renseignements. L'état-major comptait sur la section.

Les gars se tenaient en cercle autour de lui. La glace débordait des fascines qui protégeaient les parois des boyaux, enserrait les barreaux des échelles. La tranchée allemande n'était qu'à deux cents mètres au-dessus de la leur, au sommet du col. Antoine et ses camarades ne les voyaient jamais. Ils sentaient leur présence, la menace d'une balle.

Tous connaissaient l'inutilité de ce genre de missions. Elles ne servaient qu'à se faire tuer. Le plus souvent, la patrouille se faisait repérer avant même d'avoir atteint les lignes ennemies. Le front était calme depuis plusieurs mois.

Le capitaine dévisagea tour à tour ceux qu'il voulait voir se désigner volontaires. Son regard se posa sur Paul. Les autres, soulagés, se demandèrent ce que le capitaine pouvait bien lui reprocher. Tous devinèrent les pensées de leur camarade. Pas question de se défiler. D'envoyer un gars de la section à sa place. Le visage hostile de Delambre lui ôta toute envie d'argumenter.

Paul se mit au garde-à-vous. À vos ordres, capitaine !

À vos ordres ! clama Antoine à son tour.

Un petit sourire de contentement se dessina sur les lèvres de l'officier.

À Châlons-sur-Marne, des soldats s'agitèrent à la vue de Sorel sur les marches du wagon, les saluant à grands cris de « Vive la Frrrance ! » Les acclamations firent trembler les vitres du compartiment de Blanche. Elle les examina pour la première fois avec attention, songea à Antoine.

Elle entrevit ce que serait son existence dans les prochaines semaines. Elle tournerait un plan, déjeunerait au Canon de Belleville, rentrerait dans son appartement — l'image d'Antoine surgirait, renverserait ses pensées.

Comme les autres femmes, elle lirait les nouvelles du front, prêterait attention aux discussions des clients des tables voisines, des machinos sur le plateau. Elle saisirait avidement la moindre bonne nouvelle.

Le soir, le papier à lettre, l'encrier se tiendraient prêts sur la table. Elle couvrirait des pages, son désir, son manque — son attente. Son homme.

Elle s'endormirait seule, se recroquevillerait sous les draps. Les mouvements de son corps à la recherche d'Antoine lui insuffleraient l'impression soudain si pleine, si fugitive aussi, qu'il était là, qu'elle pouvait le serrer.

Elle caressa la bague à son annulaire, la contempla. Elle s'attendrit des traits naïfs de la femme gravés sur le chaton. Elle en ferait confectionner une semblable avec le visage d'Antoine.

Son absence remplirait sa vie. Blanche compterait les jours, elle en ferait un de ces petits plaisirs comme elle les goûtait tant, une promesse.

Appuyé contre le parapet, Delambre fixait le ciel. Le sergent Bedel se tenait à ses côtés au garde-à-vous. Les flocons forcèrent le chef à baisser la tête.

Faut reporter la mission, mon capitaine.

Les soldats guettaient la décision du gradé.

Les grands souffrent moins, lui murmura Paul. Un certain rapport entre la taille et le volume... Les animaux d'une même espèce sont toujours plus grands au nord qu'au sud.

Antoine grimaça. Les grands ne font pas de vieux os au front. Ils sont des cibles trop faciles.

Restait plus qu'à espérer une B.H. comme l'appelaient les camarades, une blessure heureuse qui leur permettait d'être envoyé ensuite à l'arrière.

Blotti dans un coude de la tranchée, pour se protéger du vent, le capitaine passa ses doigts sur ses lèvres. Il était le seul de l'escouade à ne pas arborer une moustache. Chaque matin, le rasage fini, il scrutait son reflet dans le morceau de miroir qu'il conservait toujours sur lui. Il se piquait d'être un homme élégant, la frange ramenée avec soin en arrière, les joues glabres, qui mettaient en valeur ses traits réguliers.

Ils attendaient depuis une demi-heure dans le boyau soumis à la tempête de neige que le capitaine se décide.

Avec toute cette purée, on sera incapable de trouver la tranchée boche, s'enhardit Bedel.

Delambre sortit sa montre de sa vareuse. Bedel hocha le menton. Vas-y merde, montre-toi convaincant, suppliaient les regards des soldats.

Il examina les cinq volontaires. Certains avaient le visage enfoui dans des étoffes qui leur couvraient les oreilles et le front sous le casque. L'un s'était protégé le dos et le torse d'une peau de mouton. Elle n'était pas cousue sur les côtés, une ficelle la maintenait contre le corps. Un autre était affublé d'une pièce de cuir sur les épaules. Ils n'offraient qu'un lointain souvenir des militaires qu'ils étaient à la caserne — des mendiants rappelant les frères macabres des gravures médiévales, les traits mangés sous lesquels perçaient les os, les yeux creusés.

D'habitude si sévère sur le règlement vestimentaire, Delambre ne broncha pas. Il observa à nouveau le ciel. La neige lui fit cligner les yeux. Il ôta les flocons déposés sur le verre du cadran. L'aiguille des secondes dévorait les chiffres les uns après les autres.

Mon capitaine...

La voix du sergent se fit presque geignarde.

Putain! S'il avait été à sa place, Antoine aurait bien su quoi lui dire. Pas question de sortir avec ce temps. Il préférait encore la cour martiale.

Dans deux heures, il fera jour...

Les hommes voyaient le sergent s'aplatir lentement, la tête rentrée dans les épaules, les mains suppliantes.

Allez!

Delambre leur fit signe d'enjamber le parapet.

Pas un ne bougea, espérant un improbable contrordre.

Les Boches ne s'attendent sûrement pas à une attaque par ce temps! expliqua Delambre.

Mon capitaine...

Bonne chance!

Le sergent se résigna. Il grimpa à l'échelle, franchit le parapet. Un par un, les soldats s'enfoncèrent dans le *no man's land*.

La gare de Château-Thierry regorgeait de blessés. On aurait dit un grand fleuve, ses affluents venus de chaque secteur du front, charriant des souvenirs d'hommes, aux chairs meurtries.

Blanche connaîtrait elle aussi l'angoisse des femmes guettant le retour d'un mari, redoutant la blessure, l'infirmité, à jamais boiteux, bancale, manchot, aveugle. Elle ne pouvait y croire. L'inextinguible croyance. Il ne lui arriverait rien. Blanche aussi lâcherait quelque prière dans l'église la plus proche, un cierge à trente centimes, on ne savait jamais.

Un mutilé salua avec sa béquille au passage du train. Elle prendrait ce que la guerre lui rendrait, peu importait, sentir le souffle, le rire, la douceur d'Antoine.

Elle porta ses mains à son cœur. La vérité lui coupa le souffle. Une brève douleur comme une balle pénétrant les chairs.

Elle aimait.

REMERCIEMENTS

Un roman est toujours comme une caravelle, chargée de diverses cargaisons en fond de cale, des marchandises de contrebande volées ici ou là, des trésors importants pour le seul écrivain-pirate. Parmi celles-ci, il y a les archives de la Comédie-Française que leurs conservatrices m'ont généreusement ouvertes. Je n'oublierai pas la petite salle entourée de livres et de cartons, de tiroirs remplis de fiches et la fenêtre en arceau d'où je pouvais voir les allées du Palais-Royal. Et mon émotion devant le registre tenu durant les tournées au front, chaque représentation notée, répertoire, comédiens et remarques du régisseur. Ni les menus des repas au mess des officiers, signés par chaque invité, ni le journal d'une jeune pensionnaire, Élisabeth Nizan, pour qui ces tournées au front étaient la première sortie loin de ses parents.

Que les conservatrices soient ici remerciées chaleureusement : un peu du parfum de ces vies fragiles nous est parvenu grâce à elles.

Dans la cargaison du *Théâtre des nuits*, il y avait aussi les souvenirs d'une enfance passée avec des parents comédiens. Des sentiments, des pensées, des bribes de conversations qui m'ont nourri tout au long de la traversée, que Marlowe et Franck, Lannick et Lucie, Muriel et Sylvain, et tant d'autres encore acceptent ma gratitude pour tant de largesses et de confiance. Sans oublier les marins à mon bord, Caroline dont les encouragements ont gonflé bien souvent la voile de mon rafiot encalminé, et Mike, pour sa patience et ses relectures.

Je dédie ce roman à Alexandre, ce gamin aux boucles blondes, au sourire si doux, une certaine idée de l'innocence enfantine, qui n'a pas voulu aborder notre monde d'adultes. Il est des tempêtes qui ne se calment pas, des naufrages qui nous hantent à jamais, le remords du récif.

Création graphique de la couverture
et de la mise en pages intérieure :
Hokus Pokus Créations.
Le texte est composé en Andada, un caractère dessiné
par Carolina Giovagnoli pour Huerta Tipográfica.

Composition et mise en pages
Nord Compo à Villeneuve-d'Ascq
Achevé d'imprimer en Italie en décembre 2019 par Grafica Veneta
35010 Trebaseleghe
Dépôt légal : janvier 2020 – Édition : 01
51-52-2968/5